L'APRÈS-GUERRE

# L'INDUSTRIE DES MATIÈRES COLORANTES

EN FRANCE

L'APRÈS-GUERRE

# L'Industrie des Matières colorantes

## EN FRANCE

PAR JULES TILMANT

*Journaliste*

**PREFACE de M. Henry TURPIN**

Président de la Société Industrielle de Rouen.

ROUEN

IMPRIMERIE GIRIEUD

Rue des Carmes, 58

1915

# PRÉFACE

« Les civils tiendront-ils ? » L'interrogation célèbre de Forain ne visait qu'un aspect de l'effroyable lutte engagée contre l'Allemagne. Le devoir des « civils » n'est pas seulement de tenir. Il est aussi de réparer, de préparer.

Tandis que notre vaillante jeunesse française déploie tout entière les mâles vertus de sa patience et de son héroïsme, nous, les aînés, avons la double obligation, à l'abri du rempart vivant dont ils nous couvrent, de préparer la France de demain.

Ils écraseront le militarisme prussien. Nous devons, nous, parer l'autre danger : l'envahissement économique sous lequel nous étions près de sombrer et que l'Allemand, conscient pourtant de sa défaite prochaine sur les champs de bataille, se flatte de réussir encore après la guerre.

Nous ne referons pas ici le sombre tableau ébauché par Léon Daudet et complété par M. le député Bruneau dans l'*Allemagne en France* de cet envahissement. Hélas ! pouvons-nous espérer que les fils qui relient le présent à un passé menaçant sont rompus; que les jalons posés par la finance, l'industrie et le commerce allemand en vue d'une emprise systématique sur tout notre actif économique ont été renversés; que tous les agents d'avant-guerre, Allemands ou naturalisés à la Delbrück, qui avaient organisé cette emprise, ont renoncé à leurs plans; que la paix une fois conclue, enfin, la France épurée, assainie, corrigée, appartiendra de nouveau aux Français?

Cet espoir légitime, nous craignons qu'il soit vain. Le présent fait trop présager de l'avenir !

Tandis que notre pays réalisait, en huit mois, l'effort gigantesque qui doit, avec l'aide des alliés, le faire triompher des quarante-cinq années de préparation militaire de l'Allemagne, quelles armes a-t-il forgées pour repousser le péril économique? Bien peu, à notre connaissance, qui soient vraiment efficaces.

La Russie a supprimé d'un coup de plume la propriété allemande des brevets pris chez elle, annulé pour le passé et l'avenir tout droit de propriété allemande dans un rayon déterminé, décrété le boycottage des produits allemands, envoyé à l'étranger des missions économiques.

L'Angleterre a créé des ligues, qui pour la plupart ont vigoureusement réalisé déjà leur programme : Organisation à Londres de foires, genre Leipzig, de produits purement britanniques ; mise en rapports des manufacturiers anglais et des acheteurs étrangers, en Angleterre d'abord, à l'étranger ensuite; établissement de liste de fabricants purement britanniques; envoi à l'étranger, pendant la guerre, de voyageurs de commerce expérimentés, en vue d'y « enlever » le commerce allemand ; exécution raisonnée de catalogues spécialement composés pour appuyer l'action de ces voyageurs; mission économique en Russie ; ligue contre la vente de marchandises étrangères présentées comme produits britanniques; bureau anglais de renseignements commerciaux pour remplacer Schimmelpfeng et pour établir la liste des firmes allemandes et autrichiennes avec indication des noms sous lesquels elles opèrent; création de comités industriels en vue d'organiser en Angleterre l'industrie des jouets; listes des personnes qui s'engagent à ne pas acheter de marchandises allemandes ou autrichiennes après la guerre, et à n'employer aucun sujet de ces nations; création d'industries anglaises des manchons à gaz, œufs conservés, produits du lait, crayons, cinémas, etc., etc.

En Belgique, une puissante ligue antigermanique s'était créée à Anvers dès le mois d'août, patronnée par le plus grand journal commercial de la Métropole qui, en même temps, organisait le boycottage des produits allemands tout en recherchant les fournisseurs belges de produits similaires. Dès la rentrée du Gouvernement en Belgique, une loi fixera la proportion des dirigeants autro-allemands à tolérer dans les Sociétés anonymes, dans les ateliers et dans les bureaux. M. le Ministre des chemins de fer renouvelait il y a quelques jours, officieusement, la ferme intention des Belges de reprendre la tâche, interrompue, de l'écrasement commercial des Allemands en Belgique.

En France, on ne peut douter que l'opinion publique soit unanime pour approuver le principe du boycottage. La plupart des grands journaux s'y sont déclarés favorables. Une ligue s'est créée pour réaliser ce but; ignorée officiellement pour des motifs que l'on ne discerne pas bien, les succès qu'elle obtient ne peuvent malheureusement guère être que sporadiques. Le sequestre imposé aux maisons austro-allemandes ne nuit en rien, bien souvent, aux intérêts de ces maisons. On se rend confusément compte, pourtant, que le triomphe devenu définitif, les lois exigées par l'opinion et par la nécessité politique seront proposées. Mais, en attendant, la périlleuse emprise économique de l'Allemagne fortifie ses chances de se perpétuer... Rendons pourtant l'hommage qui lui est dû à la Chambre de commerce de Paris, qui a envoyé des délégués en Suisse et en Hollande, avec mission de lui rendre compte des débouchés nouveaux que ces pays peuvent offrir au commerce français et de recueillir des échantillons des produits allemands importés, échantillons qu'elle exposera très prochainement. Cette heureuse initiative devrait trouver des imitateurs.

Ignorerait-on en France que l'Allemagne officielle a pris déjà, avec l'esprit de prévision et de décision que nous ne lui connaissons que trop, toutes les mesures nécessaires pour atténuer les effets de la défaite prochaine sur son industrie et sur son commerce et en prévenir les fatales répercussions ?

Nous ne parlons pas de l'infernale campagne de presse qui représente l'Allemagne à l'étranger comme n'éprouvant qu'un faible dommage du blocus sous lequel on cherche à l'accabler. Nous ne disons rien des naturalisés et des « embochés » dont parle Daudet et qui, tandis que la fleur de notre jeunesse meurt dans les tranchées et que les pleurs des mères et des épouses coulent à longs flots, gardent soigneusement les industries et les dépôts allemands ou autrichiens d'avant-guerre en vue d'un avenir moins troublé.

Le Gouvernement allemand a en octobre dernier créé à Berlin un Comité de guerre de l'industrie allemande, composé des personnages représentatifs les plus autorisés de chaque branche de l'industrie nationale, et chargé de préparer l'*après-guerre*, la réintégration des intérêts allemands dans les entreprises anglaises, françaises, russes, etc., d'où la guerre aurait pu les chasser.

Nous sommes bons, nous oublions vite. Il faut qu'à notre tour nous préparions contre l'Allemagne l'appareil législatif et économique qui libèrera notre pays d'une sujétion également honteuse pour notre patriotisme et pour notre réputation d'initiative.

Le célèbre écrivain anglais Wells rappelle avec à-propos dans le *Daily Chronicle* que la guerre, entendue au sens que nous lui prêtons depuis huit mois, n'est que la moitié du conflit pendant entre l'Allemagne et le monde entier : « La guerre telle que la comprend l'Allemagne ne finit pas avec les flottes et les armées. L'Allemagne combat scientifiquement, elle lutte aussi par son commerce et son industrie. Et l'état-major de cette armée ne siège pas à Berlin ; il est en Westphalie, en Saxe, en Silésie, dans tous les centres vitaux de l'Allemagne. La prise de Berlin par les Alliés ne produira aucun effet sur les conditions de ce conflit qu'on veut ignorer. »

Oserons-nous admettre tranquillement la pensée qu'à la signature de la paix par une Allemagne écrasée correspondra le début du triomphe économique de cette même Allemagne ? Elle a systématiquement, dans la mesure où elle le pouvait, « démoli » dans certains centres choisis par elle, une concurrence trop bien placée à son gré. Avec sa population surabondante il ne lui faudra pas beaucoup de mois pour regarnir ses ateliers et ses bureaux, réexpédier sur tous les chemins du globe ses commis-voyageurs, réorganiser sa marine marchande, écraser par un nouveau « dumping » ses concurrents réenhardis, recoloniser la France peut-être.

Les barrières que leur imposera le *traité de commerce* les arrêteront un moment à l'entrée des pays protectionnistes; les pays neutres et le libre-échange lui en garderont, ailleurs, les portes larges ouvertes. L'anarchie douanière de la plupart des pays du monde offre des milliers de fissures, par où la marchandise « made in Germany » passera de nouveau...

A moins que nous ne prenions *dès aujourd'hui* les mesures qui s'indiquent pour boucher ces fissures, pour arrêter cette invasion, pour remporter sur l'Allemagne une seconde victoire aussi nécessaire, mais qui sera plus difficile encore que la première.

Comment assurer l'avenir? Comment, différents de nos voisins et de nos alliés par les conditions mêmes de notre production industrielle et de notre système commercial, pourrons-nous veiller à nos intérêts propres, écarter la concurrence allemande et éviter pour l'avenir les occasions, toujours pénibles, de froissements économiques avec nos alliés et amis?

Un boycottage intelligent des produits allemands devra être organisé, sauf si ces produits ne peuvent nous être fournis que par l'Allemagne. Une entente entre les ministères du commerce des divers pays alliés permettra d'en dresser la liste. Ce boycottage devra être appuyé sinon officiellement, du moins efficacement par l'État et ses administrations.

Nous maintiendrons avec nos alliés l'union féconde et sacrée qui nous lie, en concluant avec eux et contre les Austro-Allemands, partout où ce sera possible, de solides ententes commerciales par l'institution, — c'est H. Wells, un libre-échangiste convaincu, qui en suggère l'idée, — d'un système amiable de tarifs préférentiels entre ces alliés et les neutres qui voudront s'y joindre.

Donc un « Zollverein » antiallemand, qui se réaliserait par une série d'ententes particulières visant à favoriser les alliés contre l'Allemagne. Ce « Zollverein » aura été préparé par la création en France, comme en Belgique, en Russie, etc., d'une ligue-sœur de celle que dirige en Angleterre lord Desborough : l'*Entente Trade League*, appuyée par le Board of Trade, patronnée par la Reine d'Angleterre et qui a pour objet de répartir entre les alliés, après étude approfondie des ressources et des facilités industrielles qu'offre le territoire de chacun d'eux, l'initiative des industries et des commerces nouveaux que l'on veut enlever à l'Allemagne et à l'Autriche.

De nouveaux marchés s'ouvrent à l'industrie et au commerce français : ceux que laissera libres en Belgique, en Angleterre, en Russie, chez tous les alliés de demain, le boycottage austro-allemand.

Pourquoi nos différents corps économiques officiels ou professionnels n'étudieraient-ils pas dès maintenant, pour ne pas perdre de temps, la perspective de ces débouchés nouveaux et les moyens de s'en assurer le profit? Les Chambres de commerce, les syndicats industriels, les grandes unions professionnelles ont devant elles, *dès aujourd'hui*, une tâche magnifique et profondément patriotique! A l'œuvre! et rapidement, si nous ne voulons pas que notre place soit prise par de plus expéditifs que nous.

Aux diverses unions économiques, également, à étudier d'après l'expérience du passé et en tenant compte des circonstances, les industries nouvelles qu'il serait possible de rétablir ou de créer en France. La féconde collaboration de la Société Industrielle de Rouen et des membres des Chambres de Commerce d'Elbeuf et de Rouen va aboutir — tout le fait espérer — en ce qui concerne la région rouennaise, à y rétablir une des industries les plus profitables dont l'Allemagne possédait le monopole : celle des matières colorantes. Rouen aura donné le signal de l'ébranlement du joug industriel allemand. D'autres, nous en avons la ferme conviction, marcheront sur nos traces.

M. J. Tilmant, journaliste économiste anversois, allié à une honorable famille normande, a trouvé dans ses loisirs forcés de réfugié, dans la profonde sympathie qu'il porte à notre belle patrie et dans ses études économiques qui lui ont permis de s'assimiler rapidement les conditions du fonctionnement industriel et commercial de la Normandie, les motifs de s'intéresser de très vive façon aux projets de la Société Industrielle de Rouen.

Il aura efficacement travaillé pour sa part à l'union économique entre son héroïque pays et la France qui a envers celui-ci une dette immense de reconnaissance. Il veut bien nous assurer que la Belgique reconquise formera pour l'industrie rouennaise des matières colorantes le premier et le plus stable de ses clients étrangers. Notre dette envers la Belgique s'accroîtra d'autant.

Laissant aux spécialistes le détail technique qu'ils ne peuvent ignorer, il s'attache plutôt et avec raison à montrer les améliorations à apporter à notre organisation commerciale et industrielle.

L'étude approfondie de son sujet a donné à l'auteur la conviction intime que l'industrie nouvelle est moins une question d'ordre scientifique, — les chimistes français, s'ils sont moins spécialisés, lui paraissent plus intelligents, plus inventifs, plus « débrouillards » que leurs concurrents allemands, — qu'une œuvre de meilleure adaptation de méthodes, d'orientation plus pratique de nos efforts.

Chose curieuse, tout le monde parle des blessés des estropiés et des réfugiés, qui, certes, sont dignes de notre fraternelle pitié. Mais le Commerce et l'Industrie françaises sont, eux aussi, des blessés que l'on aimerait secourir à nos côtés.

L'appel vibrant de M. J. Tilmant vient à son heure. Je ne puis croire qu'il ne soit pas entendu !

H. TURPIN.

# L'APRÈS-GUERRE

## L'Industrie des Matières colorantes en France

Le 11 janvier dernier, un écrivain des plus appréciés, M. Paul Hervieu, donnait à la Sorbonne une causerie où il établissait, par une simple mais ingénieuse comparaison entre les timbres-poste des deux pays, le contraste saisissant qui oppose l'esprit allemand à l'esprit français, la lourde Germania à la svelte et aimable Semeuse :

Germania emplit le cadre du timbre rien qu'avec la moitié de son corps. La face dure est casquée d'une couronne massivement forgée. Une seule main a pu se loger à un angle, ramenée dans le sens égoïste qui est vers soi-même ; et, avec un gantelet de mailles, cette main serre une poignée de glaive. La poitrine est cuirassée ; et deux rondelles de métal bombé indiquent quel serait l'allaitement maternel pour l'humanité à naître, quand celle-ci aurait à le chercher dans cette ferronnerie.

Quelle différence avec la douce et fine Semeuse :

Elle semble toute svelte dans l'espace, et autour d'elle on distingue des horizons, de la place pour tous ; on devine de l'air respirable, de la lumière, de la liberté sous le soleil. Dans le grand geste ouvert des semailles, ce que la France offre visiblement aux sillons de l'étendue ce sont les grains de sa civilisation, haute, profonde, que tant d'illustres siècles ont développée ; c'est un exemple de merveilleux labeur, l'œuvre divinatrice de ses savants, l'enchanteresse leçon de ses belles-lettres, de ses beaux-arts.

« L'œuvre *divinatrice* de ses savants.... » Côte à côte avec le texte de la conférence de Hervieu, nous relisions celui de la fameuse proclamation du professeur Ostwald, revendiquant pour son pays, pour sa « kultur », la maîtrise du monde, parce que cette « kultur » représente l'*organisation* parfaite de toutes les forces matérielles et morales de l'humanité, l'ordre, reflet de la Divinité, s'opposant à la fantaisie inhérente aux régimes civilisateurs du passé.....

Le 15 janvier, aux environs d'Ypres, un avion allemand laissait tomber sur une compagnie de soldats français quelques centaines de fléchettes d'acier, sans grand dommage d'ailleurs. Les Allemands avaient collé à chacune de ces flèches une bande de papier portant cette inscription : « Invention française, application allemande. » La remarque fut jugée spirituelle et même caustique.

On se trompait. Il est très rare que l'Allemand se borne à contrefaire, à copier. Pour que l'« application » fût vraiment allemande, il eût fallu qu'elle ajoutât à l'invention un procédé de fabrication original, une forme de lancement nouvelle, une multiplication « colossale » du nombre des flèches lancées, par exemple ou, — mieux, — l'empoisonnement de ces flèches! Les Allemands auraient-ils oublié ce mode rajeuni de barbarie ?

Des commentaires donnés dans la presse à cet incident de guerre, retenons seulement que la supériorité allemande en fait de systématisation des avantages d'une industrie a pris la valeur d'un dogme quasi indiscuté..... Soulignons cette constatation. Analysons-en les bases et nous posséderons la clef du problème spécial qui se pose de pressante façon devant nos lecteurs, la libération du joug allemand en matière de produits colorants, libération à laquelle la Société Industrielle de Rouen consacre en ce moment toute son énergie et toute son activité.

Il y a bien des années déjà que les économistes et les écrivains spéciaux ont dénoncé la place énorme, absolument excessive et disproportionnée, prise par l'industrie chimique allemande en France et qui ressort à l'évidence de la comparaison des importations et des exportations de ces produits pendant les vingt dernières années.

L'admirable monographie publiée par un membre de l'Institut, M. Haller, à l'occasion de l'Exposition universelle de Paris en 1900, avait fourni sur l'envahissement des grosses usines chimiques allemandes en France et sur les causes de développement de leur commerce, ici et à l'étranger, des renseignements aussi complets que précis. M. Haller n'avait pas mis seulement toute sa science et sa haute intelligence dans ces deux volumes, qui l'emportent comme clarté et comme intérêt sur les publications similaires allemandes et qui restent encore en cette matière le document le plus consciencieux et le plus exact. L'écrivain en avait fait une œuvre de patriotisme, scrutant les motifs pour lesquels l'Allemagne avait pris, et si rapidement, une incontestable supériorité dans l'industrie des matières colorantes et des produits pharmaceutiques ; sa rare connaissance des conditions morales et économiques, dont l'influence est souveraine sur le développement de l'industrie chimique, lui avait permis de mettre le doigt hardiment sur la plaie, sur les plaies plutôt qui menaçaient de rendre stérile une réaction française.

.... M. Haller fut abondamment loué et félicité de son travail ; mais aucune réaction ne se produisit.

En 1908, dans un double rapport aux Assises de Caumont, un des chimistes français les plus estimés, M. O. Piequet, reprenait en sous-œuvre et en l'appliquant à la région normande, — où l'industrie des produits chimiques, la filature, le tissage et l'impression des tissus occupent près de 50.000 ouvriers, — la leçon prophétique et patriotique de M. Haller. D'autres chimistes encore, parmi lesquels il nous plaît de signaler particulièrement M. J. Garçon (1), dénoncèrent le mal et en indiquèrent le remède.

Que des usines particulières n'aient pas méconnu leur part de responsabilité dans le recul d'une industrie bien française, qu'elles aient pris certaines mesures pour échapper à une emprise chaque jour plus marquée, pour moderniser et augmenter leurs moyens de production, il serait injuste de le nier.

Prise dans sa généralité cependant, l'industrie chimique française, — en dehors des grands produits.... et encore, — n'a guère fait que poursuivre depuis 1900 la marche descendante, humiliée, qu'elle avait adoptée depuis 1860.

Ne pas avancer, c'est reculer, dit un proverbe trop vrai en bien des matières. Le recul, ici, était d'autant plus inexplicable qu'il accompagnait un développement énorme des applications de la science chimique née en France. Mais ce développement, c'est l'usine allemande qui en emportait à peu près tout le profit. Son chiffre d'affaires atteignait tout récemment plus de deux milliards de francs. Les quatre grandes sociétés qui avaient monopolisé la fabrication des colorants,

---

(1) Traité général des applications de la chimie. 2 vol.

la *Badische Anilin und Soda Fabrik*, *Fried. Bayer und C°*, *Casella*, *Meister Lucius*, répartissaient à leurs actionnaires des dividendes allant jusqu'à 30 et 35 0/0 du capital engagé.

L'opinion, ignorante des conditions de la lutte pour la maîtrise dans les applications scientifiques, s'étonnait bien un peu, de-ci, de-là, lorsque l'actualité ou la simple fantaisie d'un journaliste appelait l'attention sur cette lutte, que la science française montrât pareil engourdissement devant l'envahissement d'outre-Rhin. Volontiers distraite d'un sujet pénible ou simplement grave, d'ailleurs, elle ne s'y attardait guère. L'indifférence pratique était devenue telle, même chez les représentants officiels de cette science, que — ce n'est qu'un exemple entre beaucoup — M. Colson, docteur en Sorbonne, a pu, en 1907, écrire un volume tout entier sur l'*Essor de la Chimie appliquée*, sans s'émouvoir de la déchéance pratique qui frappait d'une stérilité à peu près complète dans ses applications industrielles la science française, à qui la chimie est pour la grande partie redevable pourtant de son origine et de tout son développement théorique.

Va-t-il falloir courber la tête, après la guerre comme devant, sous le joug allemand, après avoir renouvelé, peut-être, la vaine tentative non de réaction virile, mais de soustraction à l'effort libérateur, que constituaient les élévations de droits douaniers en 1905 ? La France, créatrice de l'industrie chimique, va-t-elle définitivement reconnaître que cette création, victoire de son intelligence, constituait un simple jeu de son génie divinateur, et que cette satisfaction d'amour-propre lui suffit tandis que le bénéfice, — un bénéfice « colossal », — ira à d'autres ? Les peuples, tels que la Belgique qui consommait près de trente millions de matières colorantes allemandes et qui nourrit aujourd'hui une haine intense contre l'Allemagne, vont-ils, parce que la France tergiverse à un moment critique de son histoire économique, être forcés de se voir dicter de nouveau les conditions des usines allemandes ? De son geste large la Semeuse lance par le monde le grain fécond ; généreuse et bonne, laissera-t-elle à des voisins moins désintéressés du profit matériel la gloire de récolter les abondantes moissons qu'elle aura semées, et jusque sur son propre sol...... ? L'économie politique, ici, donnera tort, d'après nous, à la littérature de M. Hervieu.

La guerre, une guerre qui, par son ampleur, par sa durée,

par les épouvantables méfaits dont l'agresseur sema l'Europe, a éclaté comme un coup de foudre en août dernier.

Fidèle à sa parole, l'héroïque Belgique soutint la première, — et avec quelle ardeur, — le choc brutal du Prussien féroce. Après Liège, ce fut Charleroi, puis la victoire de la Marne, puis l'encerclement des tranchées, tirées de l'extrême bout de la Haute-Alsace aux dunes désolées de Nieuport. Bravement, avec l'aide de ses alliés, la France a fait face au péril. L'espoir de la revanche, la certitude de la victoire brillaient à ses yeux. Aujourd'hui la victoire est certaine, la revanche sera prise.

..... Hélas ! nous devons bien reconnaître qu'à l' « autre guerre » menée par l'Allemagne bien longtemps avant celle de 1914, la lutte économique, dure, sournoise, pleine de mauvaise foi, la France jusqu'ici n'oppose que des velléités sans coordination, sans consistance.

Les revues spéciales faisaient ressortir naguère qu'une des périodes où se manifesta avec le plus d'intensité le génie inventif de la chimie française fut celle du blocus continental : la rareté de certaines matières premières, telles que le salpêtre, obligea les chimistes de cette époque à leur trouver certains remplaçants ou succédanés, dont la découverte fit avancer d'un grand pas la chimie appliquée. Au moment où nous écrivons ces lignes un journal cite ces découvertes. Mais ce n'est pas pour encourager la science et l'industrie à secouer enfin le joug intellectuel du kantisme, le joug moral de l'individualisme, le joug commercial et industriel du Teuton. C'est uniquement pour faire ressortir que l'Allemand, avec son esprit admirable d'organisation et sa longanimité de méthode, échappera de la même façon, par son génie industrieux, au blocus économique que lui imposent les armées des Alliés !

La France a trouvé le général Joffre pour mener ses bataillons à la victoire. L'armée économique allemande, qui ne se retrouvera qu'affaiblie après la guerre, ne rencontrera-t-elle pour la combattre qu'une poussière impuissante d'oppositions ? Ne s'élèvera-t-il pas un homme pour parer à l'autre danger, pour unifier les résistances et les efforts pratiques et les lancer, en France et à l'étranger, à l'assaut de la forteresse industrielle et commerciale de la Germanie ? Ou bien faudra-t-il admettre que république signifie dispersion systématique de l'effort, dans un pays où l'initiative privée, — nous ne critiquons pas, nous constatons, — se trouve de toutes parts circonscrite par l'action directe ou indirecte de l'Etat ?

Dans l'étude que nous citions plus haut M. Haller distingue deux périodes très nettes dans le développement de la science et de l'industrie chimique en France.

Après avoir rappelé que celle-ci figure en tête de toutes les découvertes importantes, de toutes les innovations qui ont marqué les diverses étapes d'une rapide évolution, il note que si la première moitié du $xix^e$ siècle a été particulièrement féconde en créations de tout genre, elle l'a dû à l'alliance étroite et à la collaboration constante des hommes de science et des industriels.

Les théoriciens, les savants, avaient su grouper autour d'eux, intéresser à leurs travaux des industriels qui, le plus souvent des savants eux-mêmes, permettaient aux grands chimistes de faire se succéder rapidement la pratique industrielle aux expériences de laboratoires. Cette alliance ne se rencontrait qu'en France ; elle a fait de la chimie, pendant longtemps, une science pour ainsi dire purement française, digne de l'enseignement et des belles découvertes d'Albert le Grand, d'Arnaud de Villeneuve, de Raymond Lulle, etc.

Lavoisier par ses expériences n'anéantit pas seulement les vaines conceptions qui depuis deux mille ans régentaient la science ; ses théories donnèrent à la chimie moderne ses méthodes définitives : l'analyse qui sépare les composants et comme contre-épreuve, la synthèse qui reconstitue les corps à l'aide des produits indiqués par l'analyse. Elles conduisirent à la première classification des corps minéraux et fournirent à la chimie sa langue scientifique..... Guyton de Morveau, Berthollet et Fourcroy en tirèrent la nomenclature chimique qui s'est rapidement propagée partout..... Dans le domaine industriel, les idées de Lavoisier éclairaient d'un jour nouveau la métallurgie et donnaient à Leblanc, son contemporain, l'idée de la grande industrie chimique en l'incitant à retirer la soude du sel marin dont elle est la base..... Elles indiquaient le mécanisme de la formation des oxydes et des sels, mais elles n'apprenaient pas ce qui peut résulter soit de l'action d'une base ou d'un acide sur un sel, soit même d'un contact de deux sels. Les études de Berthollet en élucidant cette question ont donné à l'industrie chimique toute sa fécondité. En dépit de leurs imperfections, elles eurent sur le développement de la chimie une action considérable. Elles groupèrent en un faisceau la fabrication des bases et des acides ; elles donnèrent une méthode à l'analyse chimique, source essentielle de nos connaissances; elles suggérèrent à l'industrie des applications de premier ordre. » (1)

Nous n'avons parlé que de Lavoisier, de Berthollet. Il faudrait citer encore pour suivre l'histoire de la chimie dans le monde, les noms de tant d'autres, bien français : Gay-Lussac, Thénard, Chevreul, Regnault, Robiquet, Gerhardt, Balard, T.-B. Dumas, Pelouze, Kuhlmann, Frémy, Guinet, Boussingault, H. Sainte-Claire Deville, Würtz, etc.

L'alliance, intermittente mais souvent fort étroite, entre la science et l'industrie dura jusque vers 1860. A cette époque la chimie française continuait, avec les découvertes de la fuchsine, des bleus et violets d'aniline, des verts à l'aldéhyde et à l'iode, etc., à briller du plus vif éclat; il semblait même que la gloire qui auréolait le second Empire vînt en partie des magnifiques applications, à ce moment, de mémorables découvertes antérieures. S'il est, en particulier, écrivait M. Haller en 1900, une industrie, en France, qui il y a quarante ans s'est présentée sous les plus heureux auspices grâce à l'esprit pénétrant, à l'initiative intelligente et à l'activité des hommes qui l'ont conçue et dirigée à ses débuts, c'est sans contredit l'industrie des matières colorantes dérivées du goudron de houille. Pendant une période de près de vingt ans, la France tenait la tête de cette industrie par les découvertes dont ses chimistes la fécondaient et par l'éclat, la puissance tinctoriale, la vivacité et la nouveauté sans cesse renouvelée des produits qui sortaient de ses usines. C'était l'époque des Verguin, de Renard frères et Frank, de Poirrier, Simon, Marnas et Bonnet, Girard et de Laire, Coupier, Bardy, Baubigny, Persoz, Kopp, Lauth, Roussin, Rosenstiehl, « tous ouvriers de la première heure, et qui ont contribué à asseoir sur des bases solides cette fabrication naissante, les uns en la dotant de nouvelles couleurs, et les autres en les propageant et les faisant valoir au point de vue de leurs applications. » (2)

Vers 1860, sous l'influence, dirait-on, du mouvement inauguré alors et qui se poursuit de si désastreuse façon aujourd'hui, de concentration à Paris des forces intellectuelles, politiques et financières de la nation et de leurs rouages, une scission se produisit entre la science pure, représentée par les hautes

---

(1) Colson. — *L'Essor de la chimie appliquée*, pages 12 et suivantes.
(2) Haller. — Op. cit. vol. 2.

écoles officielles, et l'industrie, fixée au sol de diverses pro_vinces. Insensiblement cette scission s'accentua, les savants, à quelques exceptions près, se confinant dans les laboratoires maigrement dotés que leur fournissait le gouvernement ou qu'ils devaient créer et soutenir de leurs propres deniers, et « se drapant dans leur manteau de science pure », les industriels, d'autre part, conservant jalousement leurs traditions, leurs installations souvent désuètes ou, partis trop tard dans la voie du progrès, forcés de confier la technique de leur industrie à des spécialistes allemands ou d'abandonner des industries qui avaient cessé d'être rémunératrices tant l'Allemagne, rival inconnu, inexistant en 1860, avait su développer son industrie et abaisser ses prix de revient.

On l'a fort bien dit : le chimiste qui poursuit des recherches de haute spéculation ne s'inquiète généralement guère du prix de revient; la science seule le guide. Mais il en est tout autrement de l'industriel pour qui la solution ne devient digne d'attention que si le produit nouveau, — un produit artificiel remplaçant le naturel, par exemple, — coûte moins cher que celui qu'il s'agit de remplacer et ne nécessite pas une main-d'œuvre importante et parfois très chère, l'achat ou la location d'appareils compliqués, des frais généraux élevés, des redevances de brevets, etc. Rappelons, comme exemples récents de ce dualisme d'intérêts, la découverte et l'industrialisation du camphre artificiel en Normandie, celle du caoutchouc artificiel chez Bayer, en Allemagne et à Sandford, en Angleterre.

Après les admirables découvertes faites en France vers cette période, découvertes qui révolutionnaient toute l'industrie de la teinture, on pouvait croire que cette industrie allait prendre dans le pays un essor extraordinaire ; que d'innombrables usines de matières colorantes allaient se créer pour organiser la fabrication des nouveaux produits tinctoriaux. « C'était l'époque, rappelle M. Perrier dans le *Temps*, où florissait l'enseignement des Wurtz, des Berthelot, des Cahours, où des hommes tels que Paul Schutzenberger. Armand Gautier, Jungfleisch, en pleine activité, ouvraient à la chimie des voies nouvelles. »

En fait l'œuvre française fut « méticuleusement industrialisée, poursuivie avec acharnement, méthodiquement agrandie en Allemagne et elle contribua tout à la fois à sa richesse et à notre appauvrissement ». En peu d'années, en bonds rapides que marquent les statistiques commerciales, les Allemands enlevaient à la France les domaines jusqu'ici incontestés de la chimie appliquée et même de la chimie pure (1).

Il y a quarante-cinq ans la France produisait annuellement, par la culture, environ 50.000 tonnes de garance, correspondant à environ 750.000 kilos de matière colorante pure, au prix de 70 francs le kilo d'alizarine naturelle ; aujourd'hui l'alizarine artificielle ne coûte que 10 francs le kilo et l'Allemagne en fabrique près de 2.000 tonnes. Elle exporte pour 27 millions de francs de couleurs dérivées, comme l'alizarine, de l'anthracène, provenant lui-même des goudrons de houille. La culture de la garance se voit donc à peu près anéantie au profit des Allemands, et cela à la suite de découvertes françaises.

En 1903, la France importait d'Allemagne pour 24 millions de produits chimiques et 8 de teintures préparées, couleurs. encres, crayons et charbons préparés. En 1913, ces chiffres passaient à 70 et 12 millions. Il ressort de l'examen détaillé de ces importations que ce n'est plus seulement l'industrie des produits colorants, mais aussi certains départements de la grande industrie chimique, qui étaient menacés : pour certains acides, comme les chlorhydrique, oxalique, phosphorique, lactique, tannique, l'Allemagne s'est acquis un quasi-monopole, de même que pour les teintures dérivées du goudron de houille et certains chlorures, chlorates et sulfate, principalement ceux à base de magnésium et de potassium.

Voilà pour la conquête commerciale. Celle-ci se compliquait hélas! aussi d'une lente conquête économique, accessoire logique, nécessaire de l'expansion commerciale ; les maisons françaises qui disparaissaient, sous l'effort de la concurrence, voyaient l'équilibre se rétablir, pour la consommation, par la création d'usines allemandes, portant pour la plupart un nom français ; si bien qu'aujourd'hui, à part une ou deux exceptions, l'industrie française des produits colorants n'existe plus. Ce qui en reste est d'ailleurs réquisitionné pour la fabrication des explosifs.

Nous ne pouvons taire que trop souvent l'invasion économique allemande s'accompagnait encore d'un service d'espionnage

---

(1) Voir dans le *Génie civil* du 6 février, l'article de M. A. Bidault des Chaumes sur *Le rôle des savants français et allemands dans la chimie des matières colorantes*.

habilement, supérieurement aménagé. Ce sera un des grands, un des immenses mérites de Léon Daudet, — qu'on nous permette de le dire en passant, — d'avoir dans sa fameuse *Avant-Guerre* dénoncé cet « espionenvahissement », dont la guerre a fourni d'innombrables preuves en France comme dans la malheureuse Belgique.

Daudet, dans son étude, n'avait guère envisagé l'invasion économique allemande que dans ses rapports avec la préparation militaire de l'invasion. Il s'était proposé avant tout un but politique : la défense nationale contre l'espionnage allemand déguisé sous un aspect purement économique.

Un député, M. Louis Bruneau, reprenant le travail en sous-œuvre, mais sous son unique aspect économique, nous donne dans *l'Allemagne en France* (le premier volume seul a paru) des renseignements nouveaux et précis, que les spécialistes tiendront à lire.

Les principales sociétés allemandes de matières colorantes sont : La *Badische Anilin und Soda Fabrik*, la plus importante fabrique de produits chimiques du monde entier. Elle a été fondée en 1866 à Mannheim, puis transférée en 1867 sur l'autre rive du Rhin, à Ludwigshafen, où se trouve édifiée une usine occupant 250 hectares, dont 120 couverts de bâtiments. Elle travaille aujourd'hui avec un capital de 82 millions de marks ; elle occupe, outre ses deux directeurs, 5 sous-directeurs, 26 fondés de pouvoirs, 422 ingénieurs et chimistes et plus de 10.00 ouvriers, contre 850 en 1875. On trouvera, dans *les derniers Progrès de l'Allemagne*, de V. Cambon, une monographie des plus intéressantes de *la Badische*. La fabrication y englobe la presque totalité de la grande industrie chimique, entre autres celle de l'acide sulfurique par le procédé de contact et la fixation de l'azote de l'air, mais une de ses spécialités essentielles se trouve dans la production de colorants dérivés de la houille et des matières premières intermédiaires pour leur coloration. Elle fournit le rouge d'alizarine, qui a remplacé la garance pour la teinture des pantalons de l'armée française (un des motifs de l'adoption de la couleur gris-bleu pour les uniformes français pendant la guerre a été la suppression forcée des arrivages de la Badische) elle a réussi la synthèse industrielle — invention dont l'initiateur fut Berthelot — de l'indigo artificiel destiné à supprimer l'indigo végétal ; par voie de synthèse également elle livre la rhodamine, le bleu méthylène, l'auramine, les colorants azoïques et de résorcine. Par son agence de Paris et l'usine qu'elle a organisée à Neuville-sur-Saône, dans la région lyonnaise, elle s'est assuré les débouchés du marché français.

Les *Usines Bayer*, plus modernes que la Badische, — voir la monographie dans *l'Allemagne au Travail*, de Cambon, — établies à Leverkusen et à Elberfeld, sur les deux rives opposées du Rhin, ont à rémunérer un capital de 78 millions de marks. Leur personnel chimiste est composé d'environ 300 spécialistes. La société occupait 120 ouvriers en 1875, 7.800 en 1912, Les usines et laboratoires couvrent un espace de 310 hectares. La société possède une filiale à Flers, près de Roubaix.

La firme *Meister, Lucius et Bruning*, établie à Hoechst, est représentée en France par de nombreuses agences, elle y possède de plus une filiale, la *Compagnie parisienne de couleurs d'aniline*, dont l'usine est à Creil. A l'usine est annexé un laboratoire de produits pharmaceutiques d'où sortent notamment le *pyramidon*, le dermatol, l'orthoforme, etc. Le dividende a été de 20 0/0 en 1911.

L'*Agfa* (Allg. Gesells. für Anilin Fabrikation) a créé une usine à Saint-Fons, près de Lyon.

La firme *Casella*, de Francfort, a créé en France la *Manufacture lyonnaise de matières colorantes*. Elle a gagné 7 millions de francs en 1911.

Citons encore à Tourcoing la filiale de la firme *Weiler-ter-Mur*, d'Herdingen; les usines créées à Pompey, à Homécourt, à Neuves-Maisons et Villerupt par les établissements *H. u. E. Albert*, d'Amoneburg; la communauté d'intérêts existant entre la *Chemische Fabrik Elektron*, de Francfort, et la grande société de *Lamotte-Breuil*, qui s'occupe de fabrication d'hydrogène, de chlorures de chaux, soudes, potasses caustiques, etc. (1)

---

(1) Bien que les bourses d'Allemagne soient fermées, nous trouvons dans les journaux russes des indications intéressantes sur la dépréciation formidable que subissent les titres de ces sociétés. (Février 1915.)

Les actions de la Société *Bayer*, qui se cotaient au printemps 1914 6.437 marks, étaient offertes en novembre, en Suisse, à 3.350 marks. On les propose maintenant, à Bâle, à 2.000 marks. Les actions *Meister-Lucius* qui valaient 6.540 marks, maintenant trouvent difficilement preneurs à 3.000 marks. Les actions de la *Badische*, dont les prix atteignaient au commencement de 1914 664 0/0 de leur valeur

On peut dire que l'Allemagne fournit aujourd'hui les cinq sixièmes des teintures employées dans le monde entier : Elle a exporté pour 215 millions de francs de matières colorantes, sans compter 66 millions de francs d'indigo et 45 millions de francs de matières premières. Avec la consommation intérieure, la production totale peut être estimée à 350 millions de francs au minimum.

Voici comment se répartit l'exportation allemande de produits colorants ou destinés à la fabrication directe des colorants (en tonnes métriques) en 1913 :

|  | Huile d'aniline | Benzol et naphti- lamine | Anthra- qui- none etc. | Couleurs d'aniline | Aliza- rines divers | Rouges d'ali- zarine | Indigo | Totaux |
|---|---|---|---|---|---|---|---|---|
| Etats-Unis | 2.428 | 638 | 965 | 13.855 | 2.164 | 493 | 3.491 | 24.004 |
| Angleterre | 340 | 338 | 34 | 10.793 | 1.130 | 1.493 | 1.180 | 15.235 |
| Autriche.. | 655 | 109 | 284 | 5.582 | 223 | 207 | 1.861 | 7.975 |
| Italie..... | 650 | — | 825 | 4.097 | 158 | — | 662 | 6.392 |
| Russie... | 602 | 1.117 | 998 | 1.098 | 156 | 174 | 434 | 4.579 |
| Belgique . | 120 | — | 108 | 2.400 | 96 | — | 313 | 3.037 |
| France... | — | 217 | 776 | 1.301 | 124 | 98 | 323 (1) | 2.839 |
| Suisse.... | 1.217 | 272 | 1.201 | 941 | — | 259 | — | 2.008 |
|  | 6.012 | 2.686 | 5.123 | 38.185 | 3.605 | 2.724 | 7.734 | 66.069 |

A noter que, d'après des renseignements faciles à contrôler, il existait des usines de produits colorants dans onze pays : 22 en Allemagne, 11 en France, 11 en Angleterre, 9 aux Etats-Unis, 4 en Autriche-Hongrie, 4 en Suisse, 2 en Hollande, 2 en Russie, 1 en Belgique, en Grèce et Italie. Ces dernières années, 16 de ces usines ont fermé : 11 en Allemagne et 1 en Autriche, en Belgique, en France, en Angleterre et en Suisse, et 14 ont absorbées, dont 6 en Allemagne.

Au cours d'une étude sur l'infiltration en France des produits de la pharmacopée allemande, étude présentée à l'Académie de Médecine, M. Albert Robin montrait la place prise par ces produits, dont il citait les plus connus : adaline, aristol, aspirine, atophan, collargol, coryfine, dermatol, dio-

---

nominale, ne trouvent pas acquéreurs à 200 0/0. Cependant ces fabriques ne chôment pas ; au lieu de couleurs, elles livrent maintenant des produits pharmaceutiques. La baisse ne prévoit-elle pas l'avenir plutôt sombre réservé..... si on le veut, à ces sociétés ?

(1) Ajouter la production des filiales allemandes en France, qui possédaient un monopole effectif de fourniture à toute l'industrie textile française.

nine, diurétine, gonosan, helmitol, héroïne, ichthyol, iodypine, lycétol, mélubrine, néosalvarsan, novocaïne, orthoforme, phénacétine, protargol, pyramidon, salipyrine, salophène, salvarsan ou 606, sidonal, somatose, spirosal, sulfonal, tannigène, trigémie, trional, urotropine, validol, véronal, etc. Cette énumération en dit long sur la susdite infiltration..... et sur la façon dont les Allemands savent manier la publicité.

La firme Bayer, d'Elberfeld, fournit l'aspirine, le sulfonal, la citarine, la somatose. Les sels de morphine et la quinine proviennent surtout de la Maison Merck, de Darmstadt; MM! Schering, de Berlin, se sont spécialisés dans les produits pharmaceutiques aussi bien que dans les préparations photographiques « Hélios » ; les « Pilules Suisses » viennent de Francfort. On lira avec intérêt sur la firme Stern-Sonneborn, de Hambourg (vaselines, graisses, huiles, produits pour l'industrie textile) et sur la Scheidemandel (qui, pour former un trust des colles et gélatines, a absorbé cinq maisons françaises en deux années) le dernier chapitre du livre de M. Louis Bruneau.

L'incontestable supériorité du parfum naturel sur le synthétique et la chute dans le domaine public de la plupart des brevets relatifs aux parfums chers nuisent fortement aux bénéfices des usines allemandes de parfums chimiques; il est indiscutable cependant que ces parfums continuent à exercer par leur bas prix une grande séduction en France même, où des parfumeurs assez réputés ont consenti à vendre les produits allemands, et bien souvent à l'étranger, aux Etats-Unis surtout, les produits de synthèse minérale ont presque remplacé les essences végétales françaises.

L'invasion commencée il y a dix ans devenait de l'étouffement. A l'abri de certains avantages locaux, de certains secrets de fabrication, mais surtout de droits douaniers élevés, la France avait cru pouvoir sauver son industrie des bois de teinture, continuer à exploiter les brevets concurrents qu'elle opposait aux brevets allemands pour certaines matières tinctoriales.

Comme il arrive trop souvent en matière de progrès scientifiques et comme l'Angleterre commençait à en faire une nouvelle et douloureuse expérience, la protection industrielle avait nettement manqué son but et favorisa, au contraire, grâce d'ailleurs à une interprétation défectueuse de la loi sur les brevets, l'expansion de l'industrie chimique allemande en France. « Les manufacturiers français avaient pensé tuer l'industrie allemande en obligeant le Parlement à voter un droit d'entrée de 50 centimes par kilogramme sur nos colorants. Grave erreur ! Les grosses maisons allemandes allèrent simplement établir des usines allemandes avec des Sociétés françaises, chez vous. Vous aviez donc appelé la concurrence sous vos fenêtres ! Et un grand fabricant d'Elberfeld put dire alors : « Les Allemands ont encore des amis en France. » (1)

A quels avantages l'industrie chimique allemande devait-elle donc ce triomphe complet et rapide, cette supériorité incontestée qu'elle montrait sur ses concurrents, en France et à l'étranger ? Comment la France avait-elle pu, en peu d'années, perdre le fruit de son magnifique effort scientifique, fruit qui, pour l'Allemagne seule, équivalait à un commerce annuel de près de 2 milliards de produits, dû à l'activité de près de 10.000 usines occupant 250.000 ouvriers. Il y a quarante ans Perkins extrayait du goudron la fameuse mauvéine. Trois ans après Verguin, de Lyon, inventait le procédé industriel de cette extraction. L'Allemagne, si elle voulait appliquer chez elle l'industrie nouvelle devait aller chercher sa matière première, le goudron, en Angleterre, puisqu'elle ne possédait que très peu d'usines à gaz. Or depuis dix ans elle tient la tête non seulement pour la fabrication des colorants, mais aussi pour celle des produits chimiques et pharmaceutiques, tout en restant pauvre en matières premières. Cette situation doit nous inciter à ne pas nous laisser arrêter aujourd'hui par une prétendue pénurie de ces matières premières.

Les causes de ce progrès allemand ? Les voici, d'après les témoignages manquant peut-être de modestie mais non d'exactitude, semble-t-il, de spécialistes allemands d'abord.

Voici d'abord l'opinion du D$^r$ Fischer, un des premiers chimistes de l'Allemagne, professeur à l'Université de Berlin :

Ce qui a fait le succès de l'industrie chimique allemande, c'est le génie d'organisation des Prussiens, leur ordre et surtout leur persévérance. Ensuite viendrait leur science, qui est grande parce quelle s'est spécialisée.

Dans les usines allemandes, parmi des milliers de chimistes, il s'en trouve qui mériteraient de prendre un siège de professeur à l'Université. Inversement vous voyez très souvent des privat docent, des

---

(1) Huret. — *Rhin et Westphalie*, page 129.

agrégés, allant dans les usines travailler, gagner leur vie et, en même temps, étudier.

Nous appelons, dans les écoles de chimie industrielle de l'Etat, des chimistes d'usines qui viennent y faire des cours de technique. Ainsi se créent ces liens étroits et si puissants entre les savants et les industriels qui vous expliquent aussi, en partie, notre succès. Cette sympathie, cette solidarité sont générales chez nous, et dans l'industrie mécanique les mêmes rapports existent entre la science et l'industrie, entre le comptoir et le laboratoire. Les industriels encouragent les études scientifiques de toutes leurs forces, directement et indirectement. Ai-je besoin pour une expérience d'un produit cher ou rare que je ne puis me procurer facilement, j'écris mon embarras à un fabricant, qui m'envoie aussitôt ce qui me manque (1). Si de nouveaux laboratoires sont nécessaires quelque part, les usiniers usent de leur pouvoir, de leurs relations pour les obtenir du parlement ou du gouvernement. Cela entretient une émulation qui fait partout de la vie autour des études et des recherches.

..... La supériorité allemande ne vient en aucune façon de la méthode, mais de la liberté... de la liberté d'apprendre ! Nous acceptons tout le monde dans nos laboratoires, en Allemagne. Ce fut le principe de Liebig, quand il ouvrit en 1827 son premier cours à Giessen. Et vous comprenez tout de suite l'avantage qu'il y a pour un élève à ne pas apprendre la chimie dans des livres ou par des calculs, comme on le faisait en France et en Angleterre, mais à manipuler des produits, *faire* de la chimie, dans un laboratoire, comme en Allemagne.

..... Les laboratoires fermés étaient alors des sanctuaires où les maîtres ne recevaient un disciple préféré que par une grâce particulière.

..... A présent il y a aussi quelques laboratoires ouverts en France. Celui de M. Würtz, le premier grand laboratoire français fut bâti vers 1877, à Paris. Mais ils sont encore beaucoup plus restreints qu'en Allemagne.

Il existe pourtant une raison à l'isolement où se tenaient les professeurs..... C'étaient eux qui payaient de leur poche, souvent plate, les frais de laboratoire. Et les produits coûtaient assez cher. Chez nous,

---

(1) Plus récemment, des savants français comme Grimaux, Haller, Guyot et bien d'autres ont consacré aux matières colorantes de nombreux et remarquables mémoires. Ils y ont eu d'autant plus de mérite que, précisément, les laboratoires dont ils disposaient étaient modestes et qu'ils n'étaient pas, comme les savants allemands, confortablement installés, soit dans les magnifiques Instituts de chimie des Ecoles Techniques supérieures, soit surtout dans les immenses usines de puissantes sociétés qui ne leur marchandent ni les subventions, ni le personnel, ni le coûteux matériel de fabrication d'essai. (*Génie civil*, 6 février 1915).

Liebig eut le mérite de deviner l'essor qu'allait prendre la chimie appliquée et d'en convaincre le gouvernement. Il obtint ainsi des subventions des Etats, qui permirent d'étendre les études expérimentales et de multiplier les laboratoires ouverts. En Angleterre comme en France, on ne s'en occupa guère sans doute, ou bien les gouvernements de l'époque furent-ils réfractaires ? Toujours est-il que depuis quatre-vingts ans tous nos élèves chimistes font de la chimie de laboratoire. De sorte que, lorsqu'en 1856 le grand anglais Perkins trouva la mauvéine dans le goudron, l'Allemagne avait une véritable armée de chimistes à la fois savants et praticiens, tous prêts au travail et à la lutte. De là les progrès énormes que nous fîmes en si peu de temps dans l'industrie des colorants.

M. HURET, à qui nous empruntons ce témoignage *(Rhin et Westphalie,* page 119), avoue qu'il fut étonné d'entendre ces choses. D'autres le seront après lui. Il objecta :

« Mais la chimie n'est-elle pas, en effet, une science spéculative par excellence ?

A quoi M. Fischer répondit : « Pour faire un bon chimiste il faut employer à la fois la spéculation et l'expérience, beaucoup, beaucoup manipuler, travailler avec ses mains, avec ses yeux, avec son nez, avec ses oreilles, avec son sang » conclut-il en graduant ses intonations jusqu'au ton de la passion.

» Tous vos grands chimistes français le savent bien ! Car la France en eut toujours d'excellents. Même, à la fin du $xviii^e$ siècle, Lavoisier, Berthollet furent les sommets de la science européenne, et aujourd'hui Berthelot reste un grand maître. Néanmoins, chez vous les chimistes se comptent. Ici ils sont innombrables. Or, l'industrie a besoin de grandes masses sans cesse renouvelées de savants et aussi de travailleurs. Et vous vous rattraperez difficilement, car je le répète, nous possédons une armée de chercheurs et une organisation de soixante ans en avance sur la vôtre..... Ici, dans mon laboratoire de recherches, deux cent cinquante élèves du matin au soir travaillent..... en silence..... sous la direction de leur maître..... Ils s'instruisent pratiquement et théoriquement, puis s'en vont dans les usines, et comme ils possèdent la méthode, y font leurs découvertes.

» Outre ces laboratoires d'élèves, il y a ceux des assistants et celui du professeur qui s'y occupent de toutes les applications possibles de la science à l'industrie.

» — Vous savez cela, dit M. Fischer. Les professeurs eux-mêmes travaillent, inventent des produits, des couleurs, des parfums, des couleurs albuminoïdes, des sérums, vendent leurs brevets à une usine qui les intéresse au produit de leur découverte.

» ..... Mais ne croyez pas que les savants suffisent à faire la fortune de l'industrie. Le vrai secret de la réussite de l'Allemagne, la raison capitale, plus importante que la sérieuse instruction de ses savants, et même que les inventions, c'est *l'organisation* des usines. Là est le triomphe indiscutable du Prussien sur l'Anglais, le Français et même l'Américain. »

Voilà l'opinion du professeur, du savant. Elle est d'autant plus frappante et présente un intérêt immédiat d'autant plus grand qu'on se serait attendu davantage, d'après les idées reçues en France, à le voir insister surtout sur la nécessité de la formation intellectuelle du chimiste, sur les avantages des spéculations audacieuses pour découvrir de nouvelles méthodes d'association ou de dissociation des produits, pour orienter les courants de recherches nouveaux, etc.

En fait et quoi qu'en ait dit M. Fischer, la spéculation en matière de sciences chimiques paraît en Allemagne ne fixer l'attention que d'une minorité de vrais savants (1), les inventions les plus complexes étant le plus souvent l'œuvre de simples manouvriers patients, spécialisés dans un étroit domaine scientifique. La chaire du professeur de chimie, en Allemagne, s'érige en plein laboratoire ; le commentaire le plus éloquent de son enseignement se trouve dans les combinaisons commerciales qu'il a pu réaliser, dans les brevets qu'il a pris et la fortune qu'il a su récolter. Il est chimiste et professeur, tandis que son collègue de France n'est qu'un professeur de chimie, admirablement au courant de toutes les lois théoriques et pratiques des réactions des corps, mais qui croirait profaner sa science et faire injure à la savante éducation technique qu'il a reçue de vénérés maîtres s'il s'abaissait à faire argent de ses découvertes (2), à diriger un département

---

(1) La vie de l'esprit est à demi-morte en Allemagne. Les hautes spéculations n'intéressent plus personne. La science pure semble éclipsée par toutes ses applications pratiques qui, sans doute, sont sorties d'elle, mais qui la font oublier à beaucoup ; de sorte qu'on peut craindre que ce positivisme scientifique, dont nous sommes si fiers, ne finisse par tarir peu à peu la source même où il doit forcément s'alimenter.

*Les Embarras de l'Allemagne*, G. Blondel.

(2) Un des chimistes les plus éminents de France, aujourd'hui sequestre d'une usine allemande de matières colorantes, venait d'ajouter le bleu au rouge et à l'orangé alors seuls connus dans l'alizarine. Se voyant pressé par des amis de faire breveter sa découverte, il répondit : « Ma foi non ! ce sera l'objet d'une communication intéressante pour le Comité de Chimie !..... ». Naturellement une usine allemande a fait breveter à son profit l'invention que son propre auteur, aujourd'hui, ne peut exploiter sans risquer un procès après la guerre !!!

quelconque d'une usine de produits chimiques. Aussi bien, dans la pratique, il en est devenu capable. (1)

Berthelot avait étudié à fond, dès 1861, les conditions dans lesquelles il fallait se placer pour que la mise en contact de l'oxyde de carbone et de l'eau produisît de l'acide formique. Le procédé indiqué par lui constituait une expérience de laboratoire curieuse, sans plus, d'après lui, car il ne lui reconnaissait en ce moment aucune application pratique. C'est le « laboratoire » allemand qui, après quarante années, a rendu le procédé industriel et courant. C'est une manufacture allemande qui est aujourd'hui à peu près l'unique productrice de l'acide formique, dont elle s'ingénie à varier les emplois.

On pourrait citer des centaines d'exemples d'*idées* françaises qui par l'insouciance ou la négligence des Français qui les avaient conçus ou du fait de la politique scélérate du Patent Amt allemand, ont été brevetées en Allemagne sans profit pour leurs auteurs ou pour la France, mais qui ont valu à l'*Erbfeind* une richesse énorme et un renom de science ou d'habileté que des Français seuls mépriseront.

Notre opinion sur l'importance très relative accordée en Allemagne à l'esprit spéculatif dans la science chimique se trouve confirmée très crûment dans les interviews rapportées par M. Huret de ses visites aux usines de Hoechst et de Francfort, à des industriels purs. Pour eux la fortune de l'industrie chimique allemande a été « une simple question de recherches et de patience ». Une fois le filon trouvé par les étrangers, l'Allemand en étudie et en organise à fond l'exploitation. Les progrès qui viendront ensuite seront le résultat de son ingéniosité âpre au gain.

« Pour ne prendre que l'exemple des colorants, — disait un de ces industriels, — depuis le jour où Perkins aperçut la couleur violette au fond de la cornue où il distillait le goudron, et Vatanson le rouge d'aniline, — il y a cinquante ans de cela, — tous les peuples auraient pu tirer parti de leur découverte. Ce fut même un Français, Verguin, de Lyon, qui le premier trouva le moyen d'extraire les couleurs industriellement, trois ans après la trouvaille de Perkins. Il

---

(1) Au cours de nos études en vue de la remise sur pied d'une industrie française des matières colorantes, des spécialistes industriels ont plus d'une fois attiré notre attention sur la lamentable ignorance de savants chimistes français, très huppés, en matière d'applications industrielles de leurs connaissances de laboratoire. Si c'est à eux que l'on a recours pour diriger ou promouvoir le mouvement actuel .,...

ne fallait donc, ensuite, que de l'application et de la persévérance. Vous me demandez à quoi j'attribue notre avance et votre retard ? Simplement à nos qualités et à vos défauts. Pour une fois la psychologie des races se trouve devant une certitude indubitable. Nous partions infériorisés dans la course, puisque nous n'avions presque pas d'usines à gaz, par conséquent presque pas de goudron, matière première. Notre seule avance, c'étaient nos écoles et nos laboratoires. Que se passa-t-il chez vous ? Je l'ignore. Mais je sais qu'en Allemagne on travailla ferme. Plusieurs milliers de chimistes cherchèrent de nouvelles couleurs, quelques-uns en trouvèrent. Et quand, peu à peu, le goudron révéla aux manipulateurs ses richesses, les usines se fondèrent, s'agrandirent. Il ne suffisait pas d'avoir trouvé des couleurs, il fallait qu'elles fussent solides à l'épreuve, et non-seulement solides, mais qu'elles s'adaptassent à la matière à teindre. Les couleurs ne pénètrent pas de la même façon les laines, les cotons, les soies, les cuirs, les papiers..... Là de nouveau s'exerça le génie patient et froidement acharné de l'Allemagne. Et il triompha. (1)

En même temps le commerce nouveau se créait, chaque année perfectionné, augmenté, étendu. Dès qu'une couleur était découverte, il s'agissait d'établir scientifiquement son utilisation pour tous les genres de produits, depuis la laine jusqu'à la paille. A Mainkur, dans quatre ateliers d'essais, une centaine d'ouvriers passent leur vie à ces expériences.

Les voyageurs allèrent faire connaître et offrir la marchandise dans toute l'Europe et l'Amérique. Comme il fallait à cette nouvelle industrie un apprentissage, ce ne furent pas des marchands qu'on envoya, mais des spécialistes capables d'expliquer eux-mêmes et de démontrer pratiquement les procédés de teinture à la clientèle qu'il s'agissait de gagner. Nous avons, à l'heure qu'il est, cinquante de ces praticiens voyageurs qui vont s'installer dans les usines de nos clients et y demeurent le temps nécessaire à l'apprentissage des ouvriers.

Tous les ans on imprime quinze ou vingt mille volumes d'échantillons de couleurs, volumes très épais qui comprennent toutes les nuances de la fabrication et sont envoyés gratuitement à la clientèle. Ils sont édités en huit langues différentes et reviennent à 40.000 marks.

L'industriel allemand ne se contente pas d'exploiter les découvertes passées. Il a, au contraire, toujours l'esprit tendu vers l'avenir. Avec nos 3.000 nuances, nous pourrions nous arrêter et nous reposer un peu. Or, 190 chimistes travaillent toute l'année dans nos laboratoires de Hoechst, qui ne sont, en somme, que des champs d'expériences scientifiques, car si on invente journellement quatre ou

---

(1) Il y a intérêt à signaler que ce génie paraît se trouver en défaut depuis la guerre. Privées de certaines matières premières indispensables les usines allemandes de matières colorantes n'ont plus su se retourner, la plupart des couleurs qu'elles fournissent ne présentent aucune résistance : c'est de la pure « Kamelote ».

cinq colorants, à peine dix entrent annuellement dans le commerce !
Ces chercheurs coûtent pourtant à l'usine 700.000 francs par an.
(A côté des laboratoires existe une bibliothèque scientifique où l'on
trouve tout ce qui a été écrit sur la chimie dans toutes les langues.)

Voilà à peu près tout ce que je puis vous apprendre sur nous.
Ajoutez qu'aussitôt qu'un perfectionnement est apporté dans une
machine, on n'hésite pas à l'adopter. Le renouvellement du matériel
se fait chez nous avec une simplicité qui n'étonnerait pas les Américains, mais qui paraîtrait, en France, du gaspillage (1).

Nous ferons dans ces interviews, qui sont aussi une adroite
réclame, la part du bluff qui paraît inhérent au caractère de
l'Allemand d'aujourd'hui. Nous reconnaîtrons en même temps
que le sérieux, la persévérance, la patience, la bonne organisation industrielle et commerciale de la plupart des usines
allemandes doivent leur amener des résultats positifs, garantis
par une saine économie générale.

Il est d'autres causes d'ordre spécial qui favorisent l'action
allemande à l'étranger. Nous le verrons plus loin. En ce qui
concerne la France, en dehors de la scission notée plus haut
entre la science et l'industrie, M. Haller relève d'autres motifs
que le « génie d'organisation » prussien pour expliquer la prépondérance des produits allemands. Et ses appréciations prennent une actualité saisissante dans la période historique que
nous traversons, dans ces mois trop longs et trop courts à la
fois qui nous séparent d'une France vaincue et consciente de sa
défaite, de la France de l'avenir, de la France victorieuse et
reprenant dans la gloire et la fierté reconquises la maîtrise de
ses destinées. Pour beaucoup de nos lecteurs, les réflexions
de M. Haller, datées de 1907, revêtiront l'aspect d'un programme dressé en 1915 pour une résurrection économique de
ce pays. Insistons à ce propos sur l'erreur commise trop
souvent en France et qui consiste à séparer arbitrairement les
éléments constitutifs du progrès d'une nation. L'esprit latin
confond à plaisir questions religieuses et problèmes politiques ; il sépare avec la même inconscience le développement
scientifique et la pratique industrielle. Comme si le progrès d'une
nation n'était pas fait de tous ces éléments harmonieusement

---

(1) Un industriel rouennais nous dit : « J'entends parfois des
collègues se vanter de posséder chez eux telle machine, telle chaudière depuis dix, depuis vingt, depuis vingt-cinq ans. Ils ne savent
pas qu'ils se décernent par là un brevet de routine, qu'ils tournent
délibérément le dos au progrès qui, lui, n'attend pas. »

combinés ! Comme si les attentats, conscients ou non, commis contre l'un de ces éléments, n'atteignaient pas les bases mêmes, du développement général. La politique souveraine affecte d'ignorer l'économie de la nation ; ou si elle se sert du mot, c'est pour ignorer profondément la chose. Pareil abus de pensée porte tôt ou tard ses fruits. C'est à un ensemble de circonstances communes à la nation que l'Allemagne a dû ses succès ; c'est à un ensemble de causes dont les gouvernements qui ont fait la France d'aujourd'hui sont responsables,—puisque trop souvent les Parlements, oublieux de leur rôle, se substituent à la nation pour les desseins particuliers de leurs membres au lieu de représenter les intérêts de la nation devant le pouvoir exécutif,— que la France doit son recul économique.

Au succès allemand, M. Haller assigne d'abord des causes d'ordre politique. En 1870, dit-il, époque à laquelle les esprits clairvoyants commençaient à percevoir nettement les divers sectionnements qu'allait subir l'industrie chimique, sous l'impulsion des tentatives et des succès réalisés d'abord en France et en Angleterre, l'Allemagne était déjà organisée et outillée, aussi bien matériellement qu'intellectuellement, pour tirer parti des résultats obtenus à l'étranger et pour profiter en même temps du prestige que lui donnaient ses victoires.

« Il est en effet impossible de prétendre que les conditions politiques nouvelles, conséquence d'une guerre heureuse, ne sont pas pour quelque chose dans la prospérité dont jouit l'industrie allemande. Mais les considérer comme l'unique cause de cette prospérité, ce serait singulièrement exagérer leur importance. Si notre production nationale souffre d'une sorte de malaise depuis 1870, si elle ne se développe pas parallèlement à l'industrie de nos voisins immédiats, elle n'est pas seule à sentir les effets de la concurrence que ces derniers lui font. L'industrie de la Grande-Bretagne est encore beaucoup plus atteinte que la nôtre, et cependant, avant 1900, les Anglais n'avaient pas de défaite à invoquer pour donner une explication plausible à la dépression commerciale sur laquelle ils gémissent depuis vingt ans. Mais chez eux, comme en France, les mêmes causes ont produit les mêmes effets.

« Le succès de ses armes a eu pour conséquence de donner au peuple allemand plus d'assurance et de développer ses facultés entreprenantes. L'essor vigoureux qu'a pris son industrie en général date en effet de cette époque. *Plein de foi dans ses destinées, s'en rapportant avec une entière confiance à ses gouvernants*, le monde des affaires vit dans une sécurité complète et n'a pas les inquiétudes qui assaillent les peuples qui sont exposés aux *fluctuations d'une politique qui devient ruineuse à force d'être changeante*. Sûrs du lendemain, les industriels allemands n'hésitent pas à entreprendre des affaires à longue échéance, *certains qu'ils sont d'être encouragés* et soutenus par ceux qui les administrent.... Cet intérêt constant que les pouvoirs publics témoignent à l'industrie allemande a puissamment contribué à fortifier chez ses représentants cette confiance qu'ils ont en eux-mêmes depuis trente ans..... »

Il ne nous appartient pas de faire le procès du régime sous lequel vit l'industrie en France ; nos lecteurs dresseront, chacun pour lui-même, le repoussoir à opposer au tableau que nous fait M. Haller de la confiance qui existait en Allemagne entre le monde des affaires et un gouvernement qui accordait à la politique moins que l'indispensable minimum.

Parmi les diverses causes d'ordre moral qui ont contribué à la prospérité de l'industrie allemande, l'auteur signale en bonne place les qualités mêmes du peuple allemand, son esprit pratique et non idéaliste, comme on l'a cru longtemps en France, son talent d'organisation, la notion très juste qu'il possède de l'utilité d'une division rationnelle du travail, son esprit de suite, ses habitudes de discipline, qualités auxquelles il faut ajouter un immense désir d'acquérir la suprématie en toutes choses, une assurance non dissimulée de la supériorité intellectuelle qu'il croit avoir, un discernement judicieux dans l'art de la réclame, une persévérance dans la lutte qui touche parfois à l'âpreté. Toutes ces qualités, comme les travers qui les accompagnent, l'Allemand les met au service de son industrie.

L'organisation remarquable des grands établissements de produits chimiques, de matières colorantes, voire même de parfums, s'impose à l'admiration de tous ceux qui ont eu l'occasion de les visiter. De même qu'au fronton de certaines de leurs écoles, on pourrait inscrire, à celui de ces grandes usines, *Mens agitat molem*.

Dans ces immenses ruches où l'on n'est définitivement attaché qu'à la suite d'une sorte d'épreuve, de stage, qui permet aux chefs responsables de faire une véritable sélection parmi les nombreux aspirants aux places de collaborateurs, chacun occupe la fonction qui convient à son savoir, à ses aptitudes et à ses qualités d'initiative.

Dans toutes, la direction supérieure est confiée à une trilogie, composée d'un chimiste, d'un ingénieur et d'un commerçant ayant fait leurs preuves et possédant chacun sa technique spéciale. C'est à leur coopération, à leurs efforts concertés, que sont dus la prospérité et le succès de l'établissement.

Le même esprit préside à la marche des rouages inférieurs.

La plupart de ces grandes usines comprennent un service spécial affecté aux brevets et dirigé par un chimiste jouissant d'une certaine notoriété par ses travaux personnels et ses connaissances techniques. Il est secondé par plusieurs juristes, attachés à l'établissement, et auxquels on a fait donner une certaine éducation chimique pour qu'ils soient familiarisés avec la langue scientifique.

A côté de ce service, et en connexion étroite avec lui, se trouvent des laboratoires de recherches dont le nombre coïncide avec les divers départements en lesquels se trouve partagée la fabrication.

Inutile d'ajouter que tous ces laboratoires ont, soit comme appareils, soit comme matériel et produits, une organisation à laquelle ne peuvent atteindre les établissements scientifiques universitaires les mieux outillés et les mieux dotés. Une bibliothèque centrale comprenant tous les périodiques, tous les traités relatifs à la chimie et aux sciences annexes qui se publient dans le monde entier, se trouve à la portée des chercheurs qui peuvent ainsi rester au courant des progrès de la science, sans quitter l'usine.

Une découverte est-elle faite au laboratoire, qu'il s'agisse d'une matière première quelconque, d'un colorant ou d'un médicament nouveau, le corps est étudié à fond avec toutes ses applications dans des services appropriés à cet effet, avant d'être mis en fabrication..... Ce n'est qu'à la suite d'un succès bien constaté auprès des consommateurs, que la maison en entreprend la fabrication en grand et qu'elle fait des frais (publicité, échantillons, création de la clientèle par des chimistes accomplis et polyglottes, trucs commerciaux, etc ) que comporte son extension (1).

..... Le peuple allemand possède, nous l'avons dit, à un très haut degré, l'esprit *d'association* et sait tout le parti qu'on peut tirer du groupement méthodique des forces vives qu'il a à sa disposition.

Ainsi la création d'une *Association professionnelle de l'industrie chimique*, dont le but est de s'occuper de toutes les questions relatives à l'assurance contre les accidents, d'exécuter un contrôle sévère, d'écarter à temps tous les dangers qui peuvent se présenter, d'établir

---

(1) Si l'industrie des matières colorantes a pu être en partie monopolisée par les Allemands, cela tient non seulement à l'habileté de leurs chimistes, mais à une organisation de spécialistes largement rémunérés, continuellement à l'affût des progrès ou des inventions (généralement réalisés dans d'autres pays que l'Allemagne) susceptibles de leur procurer des avantages, et aussi d'un personnel chargé de protéger par des brevets tous les perfectionnements, de les décrire en termes assez vagues pour les dissimuler aux concurrents, etc. *(Génie civil, 2 janvier 1915.)*

les statistiques, etc. ; l'institution de la *Société pour la défense des intérêts de l'industrie chimique;* l'organisation de la *Société des chimistes allemands,* assurent à l'ensemble de cette industrie une cohésion, une puissance et en même temps une autorité qui lui permettent de mettre en action des moyens que des individualités isolées ne pourraient aborder.....

Indépendamment de toutes ces associations qui embrassent l'ensemble de la production chimique, il en existe un grand nombre d'autres (association des gaziers, des sucriers, des distillateurs, des tanneurs, etc.) qui se réunissent périodiquement pour échanger leurs idées et défendre les intérêts généraux de la corporation. Chacune de ces sociétés spéciales possède son journal, tenant ses abonnés soigneusement au courant de toutes les études, de toutes les découvertes parues dans le monde entier et qui peuvent intéresser l'industrie que cet organe a mission de soutenir et de renseigner. A l'heure présente il n'y a en effet pas de pays où la littérature chimique en général et celle des périodiques en particulier soit aussi complète et aussi bien appropriée à chaque compartiment de l'industrie.....

M. HALLER envisage ensuite la question des ressources naturelles de l'Allemagne au point de vue des matières premières nécessaires à la fabrication des produits colorants. Il constate qu'à part la Russie, l'Allemagne est, en ce qui concerne les gisements miniers, un des pays les plus privilégiés de l'Europe.

Elle possède d'abord les mines de houille qui la rendent presque indépendante de l'Angleterre et qui lui assurent des avantages dont elle tire merveilleusement parti.

Outre ceux que lui procure le charbon comme combustible, elle tire encore des bénéfices des sous-produits provenant de la fabrication du coke, depuis qu'elle a procédé à l'installation des fours à récupération. Ces sous-produits, bases de la fabrication des matières colorantes artificielles, elle les tenait jusque-là presque exclusivement de la Grande-Bretagne..... Aujourd'hui elle produit, en fabrication toujours croissante, de la houille, du fer, du zinc, du plomb, du cuivre, de l'argent..... Fonderies, forges, usines de toutes sortes se développent sans relâche, la plupart se concentrant à proximité des régions houillères.

Et puis l'Allemagne possède les mines, uniques au monde, de Stassfurt qui lui ont donné, pour ainsi dire, le monopole de la production des sels de potasse dans le monde entier. L'existence de ces mines et leur richesse n'ont pas peu contribué au développement en Allemagne de la grande industrie chimique. Le traitement méthodique des composés accessoires provenant de cette extraction a permis de constituer une série d'autres exploitations dans le voisinage des gisements et a fourni un apport considérable à la prospérité de l'industrie (1).

Ajoutons enfin que la sollicitude que le gouvernement fédéral, ainsi que les différents Etats de l'empire apportent à l'extension des diverses voies de communication, exerce sa part d'influence sur le développement industriel et économique du pays. Il est en effet de la plus haute importance que matières premières et produits fabriqués puissent être transportés avec un minimum de fret et aussi rapidement que possible. La distribution géographique des chemins de fer en France est, à ce point de vue, on ne peut plus défectueuse en orientant vers un seul point, c'est-à-dire en leur imposant quelques rares directions distributives, sans souci du fret à payer, toutes les marchandises qui s'échangent d'un bout à l'autre du pays. Les programmes d'amélioration des voies d'eau dorment pour la plupart dans les cartons des Ministères du commerce et des travaux publics. Et quant à la rapidité des transports, aux facilités administratives, la « Ligue contre les chemins de fer » fournira les renseignements voulus.

La question de l'organisation scientifique de l'industrie amène sous la plume de M. Haller un véritable réquisitoire contre le régime. Le brillant essor de l'industrie chimique en Allemagne, dans les voies les plus diverses, est, dit-il ensuite, principalement dû à l'organisation scientifique, et à l'utilisation méthodique et judicieuse des forces intellectuelles que sa décentralisation a mises au service de la partie active et entreprenante de la nation.

Pendant qu'en France, l'enseignement supérieur était en quelque sorte monopolisé par nos grands établissements de la capitale, dont l'unique but est de former des fonctionnaires, et que nos savants se querellaient sur des questions de doctrine et d'école, en Allemagne, grâce à une conception élevée du rôle des universités, la science était enseignée dans cet esprit large et tolérant qui seul convient à son évolution logique et rationnelle.

L'enseignement supérieur se donne actuellement en Allemagne

---

(1) L'Allemagne ne possèdera plus longtemps le monopole de la potasse. On sait que non loin d'Altkirch il a été découvert il y a quelques années un vaste gisement de potasse, dont la possession est assurée dorénavant à la France par droit de reprise. Nous disons « possession », car à quel byzantinisme économique et social va sans doute être livré le mode d'exploitation de ce gisement précieux ? Qu'on se rappelle l'affaire de l'Ouenza et les difficultés auxquelles se heurte l'utilisation des richesses minérales du nord-est de la France.

dans les universités et dans les écoles polytechniques (Technische Hochschule). Indépendamment de ces établissements, il existe des écoles, des instituts ou des académies, spécialement destinés à l'étude de la chimie et de la physique générales, avec certaines applications que ces sciences comportent. Il en est ainsi de l'école de chimie de Mulhouse, qui a comme spécialité les matières colorantes avec leurs applications à la teinture et à l'impression, de l'Institut électro-chimique de Darmstadt, des académies des mines de Freiberg, de Clausthal et de Munster. L'Allemagne possède enfin un certain nombre d'écoles techniques (Fachschule) consacrées à une branche déterminée de l'industrie, comme l'école de teinturerie et d'apprêts de Crefeld, l'école de tannerie de Freiberg, l'école de sucrerie de Brunswick, les écoles de brasserie de Munich et de Berlin, les écoles de céramique de Hoht ou Hesse-Nassau, de Bunzlau et de Lauban (Silésie), etc.

Nous devons ajouter qu'outre ces établissements d'enseignement supérieur, il existe des écoles industrielles moyennes (Technische Mittelschulen) qui servent d'écoles préparatoires pour entrer dans les écoles techniques (Hochschule) et qui comprennent, outre des sections de mécanique et de construction, une section de chimie. Une institution semblable fonctionne à Nuremberg. Comme on le voit, la chimie est tellement en honneur en Allemagne que la spécialisation y commence déjà dans les écoles professionnelles .....

..... L'enseignement pratique de la chimie en Allemagne a été inauguré à Glessen par Liebig en 1825 et fut introduit et maintenu par ses successeurs et ses émules dans toutes les universités.

La chimie industrielle, ou pour être plus rigoureux, les *applications de la chimie*, la technologie, comme d'ailleurs toutes les sciences appliquées, font partie des programmes des différentes écoles polytechniques disséminées dans l'Empire (1)..... Loin d'être organisées « sur un type uniforme », ces écoles ont chacune leur individualité propre et orientent leur enseignement suivant les besoins du milieu pour lequel elles sont destinées ..... Dans toutes, à côté de la chimie générale, on enseigne différentes branches de la chimie technique, la physique, la minéralogie, l'économie nationale, toutes sciences nécessaires à l'éducation du chimiste industriel .....

..... En Allemagne, aussi bien et même plus qu'en France, on a le fétichisme du parchemin et du titre. Après des résistances acharnées, l'Empereur a pu accorder aux écoles techniques le droit de conférer la distinction de docteur .....

---

(1) Les écoles allemandes donnent un enseignement plus réel, plus pratique que les vôtres, et à la fin de leurs études, nos écoliers sont beaucoup plus prêts que les écoliers français à devenir vite de bons employés et de bons ouvriers. Les Français se rattrapent ensuite, car ils sont d'intelligence vive ; mais que de temps perdu.

HURET. — *Rhin et Westphalie*, page 83.

..... Tout exagérée qu'elle paraisse à première vue, nous sommes enclins à partager l'idée que la liberté absolue des tendances allant même jusqu'à l'anarchie est la condition essentielle du développement scientifique des nations. Or cette liberté, dont nous avons été sevrés si longtemps en France, est un des plus beaux apanages des universités allemandes. C'est grâce à elle que toutes les branches du savoir humain ont pu être abordées et cultivées avec cette hauteur de vues et cette largeur d'esprit qui, seules, conviennent à l'étude des problèmes de la nature.

C'est sous son égide que surgissent ou sont recueillies, lorsqu'elles prennent jour à l'étranger, les théories, les doctrines les plus hardies pour être passées au crible de la discussion et de l'expérience.

Cette atmosphère de liberté, dans laquelle se meuvent les universités allemandes, le souci constant qu'a le corps savant de leur grandeur et de leur développement, la faculté que possèdent maîtres et élèves de ne pas se confiner dans les limites étroites d'un programme déterminé, la tâche que les premiers se sont imposée de susciter avant tout chez leurs disciples le libre jugement, la réflexion et l'initiative personnelles, les découvertes nombreuses qui ont été la conséquence d'une telle conception de ces établissements d'instruction supérieure, ont, sans contredit, plus contribué à la prospérité générale de l'Allemagne que l'enseignement, fatalement utilitaire, des écoles techniques.

Méconnaître les bienfaits et le prestige qu'a valus à l'Empire le régime de liberté de ses universités, c'est se refuser à l'évidence même.

Quant aux *laboratoires de chimie*, leur direction est toujours confiée à des hommes d'une haute autorité scientifique et qui se donnent pour tâche, non-seulement d'initier la jeunesse à la pratique de la chimie, mais encore et surtout d'éveiller en eux l'esprit de recherches et de susciter leur initiative dans la voie des découvertes.

C'est avec de tels moyens, conclut M. Haller, et avec une telle conception de leurs devoirs que les chimistes allemands sont arrivés à accumuler cette masse de matériaux dans toutes les branches de la science chimique ; c'est en instituant ces « usines » de science pure et appliquée, qu'ils ont réussi à former ces légions de chimistes qui peuplent, non-seulement les laboratoires et les fabriques allemandes, mais encore bien des universités et des usines étrangères (1),..., c'est ainsi que

---

(1) Le savant auteur du « Traité général des applications de la Chimie », M. J. Garçon, est du même avis : « La principale cause du développement de l'industrie des produits colorants, comme de celui des autres industries chimiques en Allemagne, se rattache à la prospérité des études chimiques dans ce pays. L'industrie allemande est sortie tout entière des laboratoires de ses savants et de ses univer-

l'émigration d'une partie de la nation aidant, se fait la diffusion de la science allemande, des idées allemandes et ..... des marchandises et produits allemands. « Propagande naturelle n'exigeant point d'effort et toute au bénéfice de l'Allemagne, qui recouvre ainsi au centuple les sacrifices qu'elle fait pour son enseignement. »

Nos lecteurs jugeront par ce long extrait de l'admirable travail de M. Haller, — travail prophétique, mais qui, comme toutes les prophéties, a passé inaperçu pour ceux qui avaient la charge d'en appliquer les leçons, — que la supériorité incontestable prise par les Allemands en matière de chimie appliquée ne tient nullement au seul génie de la nation allemande ou plutôt du peuple prussien, à un « principe vainqueur » qui doit nous dispenser de chercher d'autres motifs à la déchéance française en cette matière et nous amener à la déclarer incurable. De l'aveuglement, de la négligence, de la torpeur passée, nous ne devons pas conclure à une irrémédiable défaite pour l'avenir.

Nous complèterons le réquisitoire indirect du personnage aujourd'hui officiel qu'est M. Haller, — ce qui devrait lui donner les moyens de réaliser les réformes à introduire après la guerre, — contre l'organisation de l'industrie chimique en France par d'autres arguments plus directement apparentés à la pratique industrielle journalière.

Nous noterons ainsi tout d'abord que si les grandes usines chimiques allemandes ont pu naître et se développer comme elles l'ont fait, elles le doivent en grande partie à l'étroite union qui existe entre elles et les grandes banques, qui, ayant confiance dans l'avenir d'industries basées sur des prévisions économiques, garanties par des traités de commerce à longue échéance, bien étudiées et mises sur pied par des hommes admirablement outillés pour les faire réussir, n'ont pas craint de leur fournir les millions et les millions indispensables à leur développement.

---

sités. Ces laboratoires sont extrêmement nombreux ; ils fournissent tous les ans 5 à 600 jeunes chimistes de grande valeur, la plupart pourvus du titre de docteur ès-sciences. Ces chimistes trouvent un débouché dans toutes les usines qui les emploient comme directeurs, comme contremaîtres, comme visiteurs de la clientèle, comme chimistes spéciaux dans leurs laboratoires de recherches ..... Pas une usine allemande qui n'ait ses chimistes et son laboratoire, pour lesquels 521 fabriques spéciales fabriquent les produits qui servent de bases aux recherches, en sorte que les chimistes ne perdent pas de temps à les préparer. »

Les gouvernements particuliers et les municipalités suivaient avec sollicitude les progrès de ces usines, réduisant au minimum les entraves économiques et administratives qui en retardaient l'éclosion ou le développement, quitte plus tard à prélever sur leurs énormes bénéfices le plus clair de leurs recettes budgétaires.

M. Haller nous permettra aussi de relever ce qu'il dit de la « propagande naturelle » qui a valu un succès si rapide à l'industrie chimique allemande. Sans nul doute ce succès lui-même lui attirait la confiance .. et les ordres d'une clientèle toujours accrue. Mais nous n'en finirions pas si nous voulions raconter ici les « trucs », — parfois de pures canailleries, — dont s'aidait cette propagande.

Nul n'ignore que la Badische et Casella en particulier attiraient dans leurs laboratoires les jeunes gens étrangers qui se consacraient aux études chimiques : ils devaient plus tard devenir une clientèle naturelle pour leurs usines. Non seulement les laboratoires leur étaient ouverts gratuitement ou contre une redevance minime; à leur départ on leur remettait un souvenir, un cadeau, très souvent un chronomètre en or.

Les chimistes que les usines envoyaient pour mettre les teinturiers au courant du traitement à faire subir à leurs matières premières avaient pour mission de déloger des usines leurs concurrents français ou même allemands des autres maisons.

Les Allemands manient lourdement, mais efficacement, la publicité. Dans les musées commerciaux, dans les écoles techniques, cherchez des catalogues d'usines chimiques françaises. Vous n'en trouverez pas, ou ils sont si vieux, si malingres, si peu engageants, que d'instinct on court aux catalogues de la Badische, de Meister Lucius, de Casella, de Weiler ter Meer, complets, solides, harmonieusement conçus, tirant l'œil.

Citez-nous une seule monographie répandue dans le public sur les usines françaises ? Par contre, les études illustrées de Huret, de Cambon, d'autres encore, constituent pour les usines allemandes, qui ont fourni aux auteurs toutes les facilités nécessaires, une publicité, volontaire ou non, mais d'une portée énorme.

Le commis-voyageur, le courtier français à l'étranger ne possèdent en général qu'une connaissance pratique très sommaire de l'application des produits qu'ils prônent. Leur insuffisance assure une facile victoire à leur concurrent allemand, vendeur d'une marchandise que, grâce à ses connaissances linguistiques et techniques, il prouve excellente, sérieux, empressé, travailleur, tenace jusqu'à l'écœurement.

On a vu des chimistes allemands employés dans des usines françaises « saboter » les analyses de produits français, nettement supérieurs comme qualité, que le patron français confiait à leur « compétence ».

Des usines françaises de produits colorants ont vu peu à peu, par l'insuffisance de leur réclame directe ou indirecte, leurs produits éliminés des teintureries françaises ou étrangères.

A l'étranger, — en Russie, en Angleterre, aux Etats-Unis, dans les Balkans, dans l'Amérique du Sud, en Australie, — l'activité, l'énergie, l'initiative, la réelle compétence et la connaissance des langues (1) donnent au commis-voyageur allemand une supériorité très nette sur son concurrent français. Et ce qu'il enlève à la production française vient naturellement augmenter d'autant le chiffre d'affaires des grosses usines chimiques allemandes.

Des chimistes français ont été soudoyés pour écarter peu à peu, dans l'usine qui leur confiait ses analyses, les produits français et pour les remplacer par des produits allemands.

Nous avouerons sans barguigner que l'organisation commerciale allemande était admirablement agencée et soutenue (2); mais on reconnaîtra que la victoire remportée par

---

(1) Le Français ne voyage pas, et quand d'aventure il voyage, il ne connaît pas les langues des pays qu'il va visiter. En affaires, à l'étranger, le Français, si bavard chez lui, est donc un muet ; il a beau sortir de belles marchandises de sa boîte d'échantillons, son concurrent, polyglotte et malin, — car il faut aussi supposer qu'il n'est pas une bête, — aura toujours raison de lui.
Huret. — *Rhin et Westphalie*, page 83.

(2) Nos lecteurs mettront un nom sur l'anecdote suivante. Dans un port français, le déchargement du charbon se faisait, selon l'antique méthode, à dos d'homme. Le représentant d'une grosse maison allemande de manutention, établi dans ce port, représenta à ses collègues ce que cette méthode avait de coûteux et d'aléatoire, puisque le déchargement était à la merci de la bonne ou plutôt de la mauvaise volonté des syndicats. Il organisa une admirable publicité autour de ses bennes automatiques. On l'écouta, on adopta ses propositions. Le syndicat ouvrier ameuta les ouvriers ; l'autorité restait hésitante entre un progrès évident et le souci de sa popularité. Le représentant

elle manque de lustre, quand elle a été obtenue par des moyens d'une moralité aussi particulière.... L'argument, il est vrai, n'a aucune portée en Allemagne.

Nous avons énuméré les causes essentielles et particulières à l'Allemagne qui ont amené le triomphe de l'ennemi en matière d'organisation de l'industrie et du commerce des produits colorants.

Ce triomphe n'aurait pas été obtenu si aisément s'il ne s'appuyait en France de sérieuses tares dans l'industrie et le commerce concurrents. Nous avons cité déjà plusieurs de ces tares. M. Haller attire l'attention sur d'autres, qui atteignent la production nationale tout entière, industrielle et agricole :

> Nos charges excessives, constamment en progression, le manque d'idées directrices de nos assemblées délibérantes, où ces importantes questions de production sont de plus en plus reléguées au second plan ; cette dangereuse manie qu'ont certains partis de vouloir transformer notre pays en une sorte de laboratoire expérimental destiné à faire l'essai de réformes, parfois louables en soi, mais dont la plupart sont à l'heure actuelle incompatibles avec la concurrence que nos producteurs sont obligés de soutenir avec l'étranger, les difficultés sans cesse croissantes que rencontrent nos chefs d'industrie avec leur personnel ouvrier, que des esprits imprévoyants rendent indisciplinés en les gavant d'idées chimériques à force d'être généreuses, la cherté de la main-d'œuvre et le renchérissement des matières premières qui en résulte, l'insuffisance et le défaut d'organisation de nos moyens de transport, cette espèce d'empirisme qui règne encore en maître dans beaucoup de nos usines, où des progrès réels ne peuvent être réalisés que par l'intervention constante de la science sous sa forme créatrice, l'indifférence que professent nombre de nos industriels à l'égard de cette science et des établissements d'instruction supérieure qui sont destinés à la cultiver et à la propager, les lacunes que présente notre haut enseignement, etc., sont des motifs suffisants à ce malaise dont souffre toute notre industrie.
>
> Ajoutons à cela que la diffusion des connaissances aidant la facilité avec laquelle tous les peuples, même les moins avancés, peuvent en bénéficier suscitent chez eux le désir de s'affranchir de la tutelle étrangère et d'organiser, dans le pays même, usines et fabriques dans le but d'avoir une industrie nationale.

---

allemand, assiégé par les ouvriers, fit avertir la préfecture que, si on touchait à ses appareils, il saisirait de l'affaire l'ambassade allemande à Paris... Les bennes automatiques fonctionnent, d'ailleurs à la satisfaction de tous.

Il existe aussi quelques causes de l'infériorité française dans les industries spéciales :

Dans le cours de notre carrière, nous avons souvent constaté chez nos chefs d'industrie une ignorance complète du rôle important, capital, que joue la science dans leurs fabrications. Ils possèdent au même degré que les industriels étrangers l'initiative, l'intelligence commerciale, l'activité, et cette somme de talents indispensables à tout homme d'affaires soucieux de la prospérité de sa maison. Il semble que cela doive suffire pour gérer efficacement leur industrie. Ils ne se doutent pas que leur conception étroite les empêche de se rendre compte d'une façon efficace des améliorations, des innovations qui s'imposent sans cesse dans une fabrication qui est dominée et inspirée par une science dont le propre est d'évoluer d'une façon constante .....

..... Ce que nous venons de dire sur le personnel producteur s'applique encore bien plus aux commerçants, aux voyageurs auxquels est confiée la tâche de faire valoir la marchandise élaborée dans la fabrique. A ceux-ci on ne demande aucune connaissance technique spéciale comme en Allemagne. Ils ignorent tout à la fois la composition du produit qu'ils ont à placer et son application. On n'exige d'eux que du savoir faire..... Sans doute il eût été difficile de trouver jadis des jeunes gens élevés dans nos hautes écoles qui voulussent remplir les fonctions de placeurs, de voyageurs. Mais aujourd'hui il n'en est plus de même. Parmi les nombreux chimistes qui sortent tous les ans de nos laboratoires, avec un bagage scientifique plus ou moins complet, il y en a certainement qui se complairaient à ce genre de propagande, où ils pourraient utiliser avec beaucoup de profit leurs connaissances théoriques, à la condition toutefois de les compléter au préalable par un stage d'un an ou deux dans les usines.

Une autre lacune qui nous a souvent frappé, c'est l'absence d'une véritable association des différentes industries chimiques, avec un organe qui lui serait propre, dans le genre de celles qui fonctionnent avec tant de succès en Allemagne et en Angleterre.

Outre les avantages d'ordre intellectuel et d'ordre pratique que nos chefs d'industrie, ainsi que leur personnel technique, tireraient de réunions périodiques où seraient traitées les questions qui se rapportent aux divers compartiments de la production, le groupement, en un faisceau compact, de toute l'industrie chimique, lui permettrait d'aborder des sujets d'un ordre plus élevé, et d'intervenir avec plus de compétence auprès des Pouvoirs publics, quand ses intérêts sont en jeu.

Bien entendu un groupement de ce genre n'exclut pas la formation de chambres syndicales, de sociétés particulières, comme sucrerie, distillerie, teinturerie, etc.

L'industrie chimique, pas plus que les autres industries, n'échappe enfin à ce mouvement très réel et d'une intensité croissante, qui pousse vers la concentration des capitaux, vers l'extension des installations industrielles et même commerciales. Il faut aujourd'hui, sous le coup d'une concurrence de plus en plus active, accepter des bénéfices moindres que par le passé, et retrouver, dans l'importance des transactions, dans leur multiplicité, la compensation à la diminution de profit sur chaque opération en particulier. Cette concentration des capitaux répond à des nécessités diverses, au besoin de diminuer les frais généraux, etc.

Nous nous permettrons d'ajouter quelques traits à cette analyse si fouillée. Ils se rapportent à la vie intime, à la psychologie des deux peuples concurrents.

L'esprit d'organisation n'est pas propre aux races très mêlées (voir les études de L. Dimier à ce sujet dans *l'Action Française* de décembre 1914 et janvier 1915) qui forment le peuple allemand. Il a eu de la chance de rencontrer dès le début de son unification politique, dans Bismark qui conserva jusqu'à son « abdication » le portefeuille du ministre du commerce, un organisateur de premier ordre. Depuis, on n'a fait que suivre, dans toute l'Allemagne l'impulsion donnée par le Chancelier de fer. Les méthodes scientifiques de division du travail Liebig les avait empruntées à Lavoisier. Dans le domaine industriel ce sont les Alsaciens qui les ont enseignées aux Prussiens qui, ensuite, jetant ceux-ci par dessus bord se sont approprié la gloire de la méthode, comme ils s'approprient le bénéfice du succès.

Liberté dans l'ordre des idées, tant que celle-ci ne nuit pas à l'unité de l'effort, mais étroite sujétion de tous et de tout dans l'ordre matériel comme dans l'ordre politique (1).

L'aimable laisser-aller inhérent à la civilisation et à la « politesse » française, le respect des opinions subversives poussé à l'excès et à peine tempéré par une organisation théorique des partis, un individualisme presque forcené qui désagrège à plaisir et sans profit les forces de la nation (2) pour en confier l'organisation à une administration anonyme et

---

(1) L'indifférence allemande en fait de politique est générale. « La vitalité de ce peuple est ailleurs, dans le commerce et dans l'industrie, dans les sciences appliquées, dans la poursuite acharnée de la richesse, et enfin dans la force des armées. De même, les Français sous Napoléon, absorbés par la gloire militaire, ne se souciaient guère de politique, de principes et de constitution. » HURET, Loc. cit.

(2) « Latins avides de mots sonores autant que rebelles à l'action, nous n'avons jamais cessé d'être le jouet des rhéteurs subtils et nous avons inlassablement poursuivi les chimères qu'ils faisaient naître en nos esprits. Pendant que nous discourions, le Germain agissait. »
L. BRUNEAU. — *L'Allemagne en France*, Introd.

incompétente qui par sa nature même interdit en pratique toute cohésion et toute continuité de l'effort économique, ces caractéristiques de l'esprit français ne sont pas faites pour souder dans une étroite mais indispensable alliance les éléments ethniques, moraux, sociaux et techniques qui assurent le progrès d'une industrie vraiment nationale.

Ce n'est pas l'Etat, d'ailleurs protecteur plein de sollicitude des industries qui assuraient sa richesse, qui en Allemagne a fait naître ou prospérer l'industrie chimique. Elle s'est développée par le seul effort de ses industriels et de ses commerçants, favorisée seulement dans sa croissance par une politique économique intelligente, adroite, persévérante.

L'individualisme industriel français, engourdi par le protectionnisme, a péché par indigence scientifique et manque de concentration des efforts. L'Etat, inspiré par une politique de centralisation qui aboutit à énerver les ressorts de la vie provinciale si féconde ailleurs, a commis la faute de dériver vers le service irresponsable de ses administrations les forces intellectuelles de la nation et de livrer à l'anarchie de la politique et au formalisme de ces administrations les rouages du progrès économique.

Tous les auteurs d'ouvrages récents sur la chimie française qui ont pris la peine de sortir du domaine purement théorique de cette science, rapportent à l'influence des doctrines officielles entraînant après elles les déductions pratiques, l'hostilité témoignée à la théorie de l'atomisme, qui a eu ailleurs des résultats si féconds. L'enseignement doit, sous peine d'être stérile, être aussi moderne que possible. » N'est-ce pas surtout, se demande M. Piequet (1), parce que pendant près d'un demi-siècle, on s'est refusé à enseigner en France la chimie atomique, que l'étranger nous a devancés et laissés loin en arrière dans les applications industrielles d'une science pourtant bien française? » « Il semblera peut-être excessif, dit un autre, d'attribuer à une question de pure doctrine une influence aussi prépondérante sur l'évolution de l'industrie. Les causes futiles en apparence ont souvent les plus grands effets. La partie de la science chimique qui, en France, s'est trouvée entravée dans son développement, alors qu'en Allemagne elle marchait à pas de

---

(1) PIEQUET. — Op. cit. page 103. Des spécialistes donnent à cette étude une importance plus grande encore qu'à celle de M. Haller, comme étant beaucoup plus pratique et apportant des remèdes vraiment topiques là où M. Haller se borne à signaler le mal à guérir.

géant, c'est la chimie organique. La chimie minérale, peu influencée par les questions de doctrine fut au contraire toujours en faveur dans notre pays et progressa sous la direction de H. Sainte-Claire Deville, Pelouze, Fremy, Debray, etc. Aussi la grande industrie chimique, celle qui n'est guère tributaire de théories, n'a pour ainsi dire pas périclité en France. Seule l'industrie des produits organiques, celle qui est directement inspirée par les théories auxquelles nous faisons allusion, est languissante dans notre pays, alors qu'elle est arrivée à son complet épanouissement en Allemagne. »

Protégé par ses droits de douane, et par conséquent peu attentif aux efforts de la concurrence; voyageant peu et ne lisant guère les langues étrangères, et de ce fait volontiers ignorant de l'orientation des industries similaires à la sienne dans des pays où elles sont soumises à la libre concurrence, l'industriel français, — les exceptions qu'on nous citera ne feront que confirmer une règle générale, — est volontiers conservateur. Sa doctrine est que ce qui a été bon dans le passé a toutes chances de le rester dans l'avenir. Et c'est ainsi que la France possède encore une usine où la soude s'obtient par le procédé Leblanc, des installations encore relativement nombreuses pour le traitement des bois de teinture. Des industriels français, intelligents, pleins de savoir et de bonne volonté ne se sont pas encore aperçus que l'Europe envoie aujourd'hui « ses bleus dérivés du goudron à l'Inde, patrie de l'indigo; ses rouges d'aniline au Mexique, producteur de la cochenille; ses autres colorants artificiels, substituts du quercitron et du carthame, à la Chine, au Japon, aux pays d'où les matières colorantes étaient tirées dans le passé ». Les produits naturels, presque tous, ont été impuissants à supporter cette terrible concurrence; l'alizarine artificielle a complètement arrêté la culture de la garance dans le midi de la France; les bois de campêche sont battus en brèche par les noirs artificiels, etc.

« Il est à souhaiter, ajoute mélancoliquement M. Picquet (1) que l'on conserve encore longtemps certains procédés de teinture (noir au campêche, écarlate ou ponceau pour draps, etc.) usités dans nos régions et qui sont parfaitement remplaçables par des colorants chimiques : leur suppression rendrait bien précaire l'existence de nos fabriques d'extraits de bois de teinture, qui se ressentent déjà fâcheusement de la concurrence et ont dû se grouper entre elles pour résister ».

---

(1) Op. cit. p. 45.

Si encore ces fabriques modernisaient leurs sources, remplaçaient par des cachous de Guyane et de Madagascar ceux qu'ils font venir, pour plusieurs millions de francs chaque année, des Indes anglaises ou hollandaises !

On est parvenu à extraire de l'eau pure des tannins de premier choix, — dont la teinture et l'impression des fils et tissus consomment des quantités considérables, — mais ce sont des maisons suisses qui fabriquent et livrent ces produits. D'autres tannins, qui pourraient aisément être fabriqués par nos usines d'extraits tinctoriaux, arrivent d'Allemagne et d'Autriche et les consommateurs français doivent pour cela payer des droits d'entrée onéreux.

Cette question des droits fiscaux trouve également sa place dans ce chapitre. L'une des causes de l'infériorité de la fabrication française est la série gênante de formalités fiscales auxquelles sont assujetties les industries employant de l'alcool. Toute une industrie s'en trouve ainsi réduite à l'impuissance. Mais pendant ce temps les bouilleurs de crus conservent leur monopole.....

Puis ceci pour les « villes mendiantes » : « Chez vous, faisait remarquer un industriel allemand, chez vous, il y a des droits sur tout, sur le charbon et sur le fer, sur les briques et sur les alcools. Or, prenons un exemple. Si nous avions payé ici, à Hoechst, seulement un dixième de centime sur nos briques et sur notre fer, nous étions étouffés dans l'œuf; il nous était impossible de nous étendre, comme nous l'avons fait, sur cent trente-sept hectares ! Quant à notre fabrication elle serait impossible en France. Prenons l'acide picrique, si vous le voulez, pour lequel il faut de l'alcool, de l'éther, impossible de le fabriquer chez vous à un prix commercial. En France, en effet, l'alcool dénaturé coûte 1 fr. 10 le litre grâce aux droits qui l'écrasent (1); ici vingt pfennigs. Quant aux octrois sur les charbons ils tuent toutes vos entreprises ».

Ne nous laissons pas alarmer par ce mot : impossible. C'est un Allemand qui le prononçait. Mais il est indiscutable que les droits fiscaux et la paperasserie fiscale constituent un très

---

(1) On nous répondra que l'Etat, qui a imposé ces droits, peut toujours les supprimer. Parfait. Mais on sait assez le prix des marchandages avec l'Etat, et les injustices que certaines camaraderies amènent forcément. Depuis la guerre, combien d'autorisations ont été accordés et qui ne profitent qu'à certains, mieux en cour ou plus adroits !

sérieux empêchement à la prospérité de l'industrie chimique, et en particulier de celle des produits colorants.

Excellents industriels, les fabricants français en général; bons travailleurs, durs à l'ouvrage, ils sont moins avisés commerçants. « Ils ont peur de s'agrandir, disait encore un Allemand, ne s'inquiètent pas de progresser, se contentent de peu. C'est sage, si vous le voulez, c'est philosophique, mais ce n'est pas avec de la philosophie qu'on fait du commerce. » (1)

Les industriels français sont économes : « Les petites usines qui, par économie mal entendue, ont cru pouvoir se passer des chimistes, et travailler sur un fonds de recettes plus ou moins bien étudiées, se sont bientôt mal trouvées de cette manière de faire, et ont eu quelquefois beaucoup de peine à tout remettre en état. » (2)

Des usines de blanchiment, de teinture, d'impression, d'apprêts, etc., manquent depuis longtemps de chimistes instruits. Pour ne pas grever trop leurs charges, les dirigeants les voudraient « commençants »; mais ces commençants, même brillants sujets, n'ont reçu aucune éducation pratique, ils ne sont pas suffisamment préparés à rendre des services immédiats. « Il se produit ainsi une double série de doléances : les élèves se plaignent de trouver, à la fin de leurs études, toutes les portes fermées, et les industriels reprochent aux écoles de ne pouvoir leur fournir des sujets capables de trouver toutes choses à leur place ou de les y mettre. » On sait comment on tournait le biais : on prenait un chimiste allemand, jeune, mais instruit, routiné, et auquel on payait au début des appointements de famine. Volontairement on fermait les yeux sur les moyens qui, malgré ces appointements, permettaient à ces chimistes de vivre largement.... en attendant d'ailleurs le moment où la rémunération dépassait bientôt tous les chiffres prévus au début par le patron « économe ». Après la guerre, après ses révélations, qui donc osera encore employer un chimiste allemand ? Mais encore faudra-t-il que leurs remplaçants en arrivent à les remplacer réellement, car combien de chimistes exercés sont tombés sous les balles prussiennes ?

Qu'on nous permette encore de signaler un autre *desidera-*

---

(1) Huret. — *Rhin et Westphalie*, p. 89.
(2) Telle ville où l'industrie textile est prépondérante a vu, au moment de la mobilisation, son industrie désorganisée par le départ des huit chimistes allemands occupés dans ses plus grandes usines.

*tum*. Le commerce et l'industrie, aujourd'hui, s'ils sont sérieusement menés, requièrent toutes les forces intellectuelles et vitales d'un homme, exigent de lui qu'il vive « intensément », — sans que, d'ailleurs, il doive pour cela abandonner ses « raisons de vivre » : sa famille, ses enfants, sa société, son pays. Nous voulons dire, conformément à la parole fameuse de Rivarol, que la distraction ne devrait intervenir dans sa vie qu'à titre de distraction et non d'occupation. Un trop grand nombre d'industriels et de commerçants jeunes sont trop enclins à laisser le plaisir et la bagatelle distraire de façon continue leur attention et leur sollicitude des affaires (1). L'Allemand, l'Anglais, l'Américain, disent volontiers de l'homme d'affaires français qu'il n'est pas « sérieux ».

Discutant avec A. Capus les causes de la formidable extension des usines allemandes de produits colorants, M. Huret s'entendait répondre : « Oui, mais la France est un autre laboratoire de rapports sociaux. » Soit, mais n'est-ce pas à cette « vie sociale » trop accapareuse que la France doit la stagnation de son progrès économique ? On voudrait posséder à la fois l'un et l'autre. Les Allemands avaient pris « l'autre », nous laissant « l'un ». La France était, certes, la mieux partagée. Mais qui donc, sauf quelques défauts faciles à combattre, l'empêcherait d'augmenter cette part dans l'avenir aux dépens des Allemands, qui ne sont pas près encore d'adopter son « humanité ».

Comme le disait fort bien M. Perrier dans le *Temps*, les chimistes français ne sont pas moins habiles que les allemands ; l'un d'eux, M. Sabatier, de Toulouse, est tout comme Ostwald, lauréat du prix Nobel de chimie. « Mais si Ostwald ne peut sans ridicule prétendre que l'Allemagne a découvert le principe de l'organisation, il est bien vrai qu'elle doit sa grandeur passagère à la façon dont elle l'a appliqué. Il nous est facile d'en faire autant, à la condition que les initiatives individuelles, qui ne manquent pas, soient secondées par des

---

(1) Un Allemand, un Anglais qui, tous les jours que Dieu fait, est à son bureau de huit à douze heures et de deux à sept heures, ne se reposant que le dimanche et pendant les deux mois de vacances complètes qu'ils s'accordent pour voyager, voient plus loin et gagneront davantage que le directeur « dilettante » qui vient au bureau cinq heures, ou moins, par jour et ne peut guère employer ce temps qu'à expédier les besognes courantes, et qui de l'étranger ne connaît que les villes d'eau ou les centres d'art les plus proches.

lois qui leur permettent d'appliquer ce principe fondamental de toute prospérité industrielle : produire le plus possible et le meilleur marché possible. »

Il serait regrettable, ajoute M. Piequet, « que notre pays, où germent de préférence les idées ingénieuses, où le goût artistique naît et s'impose de toutes parts, où les découvertes chimiques jaillissent à jet continu, se contentât d'enrichir les autres, plus habiles à mettre en valeur, à monnayer en un mot, les créations de nos artistes et de nos savants. La lutte pour la vie devient de plus en plus difficile : ce n'est pas seulement aux audacieux qu'appartient l'avenir ; il appartient surtout aux travailleurs et aux travailleurs persévérants. » (1)

Il faut qu'enfin, dit M. Bruneau, « la France se ressaisisse, abandonnant pour des réalités fécondes les agitations politiques stériles. Elle peut et doit être autre chose qu'une colonie de peuplement à l'usage de sa puissante voisine, et si l'on a pu dire d'elle, autrefois, avec tant de justesse, qu'elle était « le plus beau royaume du monde après celui du ciel », il faut aussi que les historiens futurs puissent léguer aux races à venir le souvenir d'une époque nouvelle où les plus belles conquêtes de l'activité humaine seront encore l'apanage de la Gaule et ne porteront plus la marque *Made in Germany*. » (2)

II

Pendant les premiers mois de la guerre, le sentiment dominant fut, avec les angoisses pour le sort de ceux qui nous sont chers, un sentiment profond de joie à l'idée de la revanche pour ainsi dire assurée. La lutte serait longue, semblait-t-il, elle serait dure, mais la victoire la couronnerait.

Bientôt, cependant, des soucis particuliers vinrent, chez nos industriels, se mêler aux préoccupations d'ordre plus général. Dès la fin d'octobre, on commença à mesurer au juste la grande place prise par l'Allemagne dans le ravitaillement des industries françaises, en matières premières ou demi-brutes et en produits achevés. Une consommation, même fortement ralentie par le manque de main-d'œuvre, avait suffi pour épuiser les

---

(1) Piequet.— Op. cit., p. 96.
(2) *L'Allemagne en France*, introd.

stocks de produits colorants venant d'Allemagne, et on s'apercevait avec frayeur que la mainmise germanique sur l'industrie française des produits colorants ayant rendu impossible la lutte pour les anciens producteurs français, les teintureries risquaient de manquer de matières premières, ce qui pouvait amener le chômage de 34.000 ouvriers textiles pour les seules régions de Rouen et d'Elbeuf. Bien plus, l'armement national en explosifs avait risqué d'en être compromis.

Des diverses usines françaises créées pour la manufacture de produits colorants, une seule, disait-on, avait pu résister à l'invasion allemande et se trouvait en état de fournir à l'Etat la matière première pour ses explosifs et à la teinture et à l'impression sur textiles les centaines de mille kilos de produits qui leur étaient indispensables.

Le problème présentait même, au début de décembre, un aspect d'ordre plus général encore : on apprenait par les journaux ou les revues spéciales que l'Angleterre se trouvait plus mal en point encore que la France, puisqu'aucune de ses fabriques d'aniline n'avait résisté à l'emprise allemande.

D'Amérique, les courriers imploraient de la France, — que l'on croyait avoir résisté mieux, — l'envoi de matières colorantes dont on était maintenant totalement dépourvu.

Une grande surprise naissait de l'état des choses en Suisse : les usines chimiques y étaient nombreuses et vastes. On les croyait outillées pour fabriquer directement les couleurs, comme les usines allemandes. Or, les ordres revenaient maintenant non honorés : la grande majorité des fabriques se ravitaillaient directement en Allemagne, ou « mettaient en boîtes » purement et simplement, ou dépendaient de l'ennemi pour les matières premières indispensables.

Avec l'esprit pratique qui les caractérise, les Anglais furent les premiers à rechercher les moyens pratiques de parer à une disette qui menaçait d'amener la fermeture des nombreuses usines textiles et des teintureries du centre et de l'ouest.

Aussi bien l'Angleterre envisageait, dès le premier instant, toute l'étendue du problème : une disette momentanée de produits colorants l'émouvait moins, malgré sa gravité et son urgence, que ne la remplissait d'allégresse la perspective de créer en quelques mois, à l'abri de ses armées et de sa flotte, une industrie très rémunératrice dont elle sentait le danger de laisser le monopole à sa rivale et ennemie.

Nos lecteurs sont au courant du magnifique effort de libération économique tenté par la Grande-Bretagne dès les premiers jours de la guerre. « Dès le début des hostilités, notait le *Correspondant*, la guerre au commerce allemand a été menée par toutes les forces économiques du Royaume-Uni avec une telle vigueur et une telle décision, qu'on a pu comparer le mouvement à une véritable mobilisation générale de toutes les forces commerciales, industrielles et financières de la nation. Elles entraient en campagne avant même que les forces militaires eussent commencé leurs opérations. Les premières semaines, de nombreuses et puissantes organisations étaient établies, ayant pour but le boycottage complet des marchandises et des produits allemands et autrichiens, les moyens à employer pour leur substituer des produits anglais fabriqués ou obtenus en Angleterre et pour faire donner à ceux-ci la préférence non seulement sur les marchés britanniques, mais sur tous les marchés des nations amies ou neutres. »

Dès la seconde quinzaine d'août, un « Comité des manufactures chimiques » s'était créé sous la présidence du lord-chancelier, pour examiner la situation. D'accord avec le Board of Trade, ce Comité décida en principe qu'il fallait développer les sources existantes de produits colorants et encourager la fabrication permanente et sur une grande échelle de ces produits en Grande-Bretagne, de façon à éviter le retour des circonstances difficiles que l'on traversait. Les mesures à prendre à cet effet étaient étudiées de concert avec tous les intéressés et le 13 octobre une première réunion, à laquelle assistaient les représentants de 22 associations et firmes importantes, se tenait aux bureaux du Board of Trade. On y suggéra l'idée de créer une société à responsabilité limitée, possédant un grand capital dont la majeure partie serait souscrite par les consommateurs de matières colorantes et de couleurs; le Gouvernement, de son côté, se montrait disposé à souscrire une portion du capital-actions et à garantir pendant un nombre d'années à fixer l'intérêt des obligations. Des précautions seraient prises pour garder à l'entreprise un caractère national et ne pas y mêler d'autres branches de l'industrie chimique.

Une question essentielle avait dû être résolue auparavant : celle des brevets d'invention. On a raconté que le Gouvernement anglais avait annulé tous les brevets anglais délivrés à des ressortissants des Etats en guerre avec la Grande-Bretagne. C'est une erreur. Le décret anglais, en la matière, part de ce principe que la guerre peut avoir rendu impossible la livraison de certains articles brevetés ; comme ces objets peuvent être indispensables, il fallait en rendre possible la fabrication en Angleterre, en dépit de l'existence du brevet. C'est pourquoi le « Board of Trade » posait en principe que des licences d'exploitation desdits brevets devaient être imposées dans les cas suivants :

1º Lorsque la fabrication de l'objet breveté n'était pas encore organisée en Angleterre ;

2º Lorsque semblable fabrication avait été organisée en Angleterre par un ressortissant des pays ennemis qui se trouvait à l'étranger et qu'il était, par conséquent, douteux que cette fabrication fût continuée ;

3º Lorsque l'intérêt public exigeait que d'autres fabriques ayant le même objet fussent fabriquées en Angleterre.

Les licences ne seraient accordées que sur demandes justifiées et contre paiement d'un droit de licence fixé par l'Autorité anglaise et qui reviendrait au breveté après la guerre.

Le requérant de licence devait avoir l'intention, soit de manufacturer, soit de faire manufacturer l'article patenté, soit d'appliquer ou de faire appliquer le procédé faisant l'objet du brevet ou de la licence.

Il est utile de signaler ici qu'un certain nombre de procédés pour la fabrication de produits colorants sont tombés depuis longtemps dans le domaine public. Par ailleurs il ne faut pas se faire illusion sur la valeur réelle des innombrables brevets allemands pour la fabrication des matières colorantes. Beaucoup ne sont que des variantes de brevets qui ne sont plus protégés ou de simples procédés de traitement. Certaines couleurs très employées, ayant une formule identique, portent un nom différent dans chaque fabrique.

L'intérêt de l' « Act » sur les brevets consistait surtout dans la possibilité de remettre directement sur pied pour compte anglais les usines existantes, autrefois propriété anglaise, telles que la « Clayton Aniline Cº », rachetée il y a quelques années par le consortium des usines allemandes, ou bâties récemment pour compte allemand.

A la réunion du 13 octobre, le Gouvernement anglais manifestait son intention de racheter les usines les plus importantes, qu'il apporterait à la société à créer, et d'y ajouter toutes autres usines dont l'acquisition paraitrait utile.

Une sorte de comité exécutif fut nommé pour étudier ces propositions et les présenter à une nouvelle réunion plénière, qui se tint le 11 novembre. Le projet qui lui fut soumis contient des renseignements d'un vif intérêt ; nous en extrayons les suivants.

Avant la guerre, la consommation anglaise ne pouvait compter que 7 1/2 0/0 de matières colorantes fabriquées en Angleterre. Il s'agit donc de réunir un capital suffisant pour mettre sur pied des usines capables de fabriquer les 92 1/2 0/0 que l'on recevait d'Allemagne. Ce capital est estimé largement à 50 millions de francs en actions, dont le Gouvernement souscrira 1.375.000 francs, en même temps que 25 millions de francs d'obligations 4 0/0 première hypothèque, dont l'intérêt sera garanti pendant 25 ans.

Ce projet était présenté au nom du « Board of Trade » par MM. W. Flender, W. Capel Slaughter, J. Falconer. Le comité qui l'avait étudié de concert avec lui était composé de MM. Lennox Lee, au nom de la « Calico Printers' Association » ; M. G. Sharp ou G. Douglas, au nom de la « Bradford Dyers' Association » ; H. W. Christie, pour la « United Turkey Red C° » ; Ch. Diamond, pour l' « English Sewing Cotton C° » ; G. Marchetti, pour « John Crossby et Sons » ; Ltd. et R. D. Pullar, pour la « Pullar's Dye Works Ltd ». Etaient représentées également dans l'assemblée : l'English Velvet and Cord Dyers, la British Cotton and Wool Dyers' Association, la Bleachers' Association, la Yorkshire Indigo, Scarlet and Colour Dyers Ltd ; la Wall Paper Manufacturers, la Leeds and District Dyers' Association ; les firmes Martin, Sons and C°, de Huddersfield ; Samuel Heap and Son, de Rochdale ; John Bright and Briss, également de Rochdale ; P. and P. Campbell, de York ; Eastman and Sons, d'Acton Vale (Londres) ; T. F. Firth and Sons, de Bailiff Bridge ; J. Lee Walker and Sons, de Liverpool ; Courtauld, de Castleton.

Au Parlement britannique, le 20 novembre, M. Runciman, ministre du commerce, fit ressortir que si le Gouvernement s'était préoccupé à tel point de ce problème particulier, c'est qu'il avait la conviction que la dépendance excessive de l'Angleterre d'un seul pays étranger pour des matières indispensables pour permettre l'occupation de millions d'ouvriers constituait un danger permanent, auquel il ne pouvait être remédié que par une combinaison nationale assez vaste pour requérir et justifier les mesures exceptionnelles prises par l'Etat. Le concours de celui-ci n'était acquis qu'à la condition que le projet fût bien mûri et que le contrôle anglais de l'entreprise fût bien permanent. Tous ceux qui auraient une compétence réelle dans la question pourraient soumettre leurs vœux au « Board of Trade ». Le ministre notait en passant que les stocks actuels ne semblaient pas devoir dépasser les besoins effectifs de 1915 (1). D'ici là les manufacturiers anglais trouveraient, espérait-il, les moyens de s'organiser pour l'emporter sur leurs concurrents allemands.

Il est pas inutile de signaler que l'initiative du Gouvernement anglais était en opposition complète avec les principes de liberté commerciale complète admis jusque là et qu'il faut remonter jusqu'au traité conclu entre la « Cunard Shipping C$^e$ et le Gouvernement anglais il y a douze ans pour lui trouver un précédent, précédent dont on a d'ailleurs eu à se féliciter. En fait, la responsabilité assumée par le Gouvernement n'était guère que morale, dans la pensée des promoteurs de l'entreprise, qui se faisaient fort d'obtenir dès le début un excédent substantiel des revenus sur les charges.

A Manchester on s'intéressa fort au projet gouvernemental, car toute l'industrie du Lancashire et du Yorkshire en dépendait. Le *Manchester Guardian* publia à son propos de nombreuses interviews, où nous trouvons formulées diverses objections : Jamais l'Angleterre n'arriverait à produire à aussi bon compte que l'Allemagne (l'auteur de l'objection y répondait d'ailleurs lui-même, en faisant remarquer qu'il ne pouvait être admis que l'Angleterre dépendît à ce point de l'étranger, et que c'était une affaire de patriotisme et de fierté que de lui opposer une solide concurrence) ; une autre émettait l'avis que le Gouvernement aurait à fournir la plus grosse partie du capital (ce qui répugnerait certes au peuple anglais et serait d'un fâcheux augure pour l'affaire) ; le Gouvernement aurait à prendre d'autres mesures, dans le sens de la protection, pour empêcher les Allemands de venir à nouveau, après la guerre, saper l'œuvre gouvernementale ;

---

(1) Le ministre faisait allusion sans doute aux réserves d'huile d'aniline que l'Angleterre possédait à ce moment et qu'elle fait traiter par les usines suisses. Pour les couleurs d'alizarine et pour l'indigo, certaines démarches faites en France montrent que la situation n'est pas sans nuages en Angleterre.

les fabricants d'extraits tinctoriaux, qui reçoivent leurs couleurs naturelles de l'Inde, se garderont bien de fournir du capital à une entreprise qui doit écraser sûrement leur industrie, etc.

A une grande réunion tenue à l'Hôtel-de-ville de Manchester, lord Moulton se déclara partisan absolu du plan gouvernemental. L'Angleterre employait pour 50 millions de francs de produits colorants chaque année ; les industries qui s'y rattachent ont un chiffre d'affaires d'environ 5 milliards et occupent un million et demi d'ouvriers. Des 50 millions susdits à peine le dixième est fourni par l'Angleterre. L'Angleterre sera victorieuse par les armes ; doit-elle persister après la guerre dans son servage économique ? « Je tiens à vous le faire remarquer, si en ce moment la paix venait à être signée, l'industrie textile anglaise serait plus que jamais sous la dépendance des fabriques allemandes de produits colorants, qui pourraient la priver de ses produits, ou les lui céder à des prix énormes seulement, ou lui rendre la vie impossible en augmentant sa production jusqu'à nous enlever la possibilité de produire à un prix rémunérateur. »

Lord Moulton répétait que trois conditions étaient essentielles dans le projet gouvernemental : la société en question devait avoir un grand capital ; elle devait être « nationale » de façon à ne jamais être tentée d'entrer dans un syndicat, un « cartel » ; elle devait être « coopérative » et englober toutes les initiatives.

Le 20 janvier une nouvelle réunion avait lieu au Board of Trade. Elle accusait une volte-face sérieuse des producteurs puisque deux des principaux consommateurs, la Calico Printers' Association et la Bradford Dyers' Association se retiraient de la combinaison. Leurs représentants envoyaient leur démission de membres du Comité, en faisant ressortir que d'après eux les objets essentiels du mouvement pour se procurer immédiatement, puis de façon permanente, les couleurs d'aniline nécessaires à l'industrie étaient ceux-ci : 1º L'accroissement immédiat de la production britannique ; 2º L'accroissement immédiat des stocks, à faire venir de Suisse ; 3º La création en Angleterre d'une industrie des produits colorants sur une échelle adéquate et selon un plan permanent et progressif. L'urgence et l'importance de l'affaire, selon eux, demandaient une aide, gouvernementale ou autre, plus effective que celle de bailleur de fonds sur sécurités bien garanties. Cette aide devait se manifester : 1º Par des tarifs protecteurs ; 2º Par des prêts à fonds perdus (attribution immédiate d'une prime de 100.000 livres et d'une somme égale pendant dix ans aux fabricants anglais existant actuellement, pour leur permettre d'agrandir leurs établissements et de développer leurs laboratoires); 3º Par des prêts sous condition.

Les membres restants du Comité se bornèrent à accepter cette démission, en déclarant impraticable le projet de la Bradford Dyers' Association. Il décida de s'adjoindre de nouveaux et nombreux membres et de préparer un nouveau plan financier de l'affaire qui, tout en ne s'écartant pas de la ligne générale adoptée, présenterait des avantages nouveaux aux souscripteurs de la société.

On assiste donc à la réouverture, sur un point particulier, de la lutte entre protectionnistes, — qui voudraient couper une fois pour toutes la route aux produits allemands pour empêcher le « dumping », quitte à faire payer aux consommateurs les prix élevés qui sont la conséquence naturelle de ces droits mais qui mettent alors l'Angleterre en infériorité sur l'Amérique et sur les pays qui continueront à employer les produits allemands, — et libres échangistes qui gardent confiance dans le régime fécond de la libre concurrence, cette fois aidé et favorisé directement par le gouvernement. Le *Daily Mail* notait que c'était une folie pour les souscripteurs, en dépit de l'intervention gouvernementale, que de s'exposer aux risques du « dumping », — système des ristournes secrètes, — et que dans ces conditions le gouvernement n'avait qu'à créer lui-même sa société et à faire de la fabrication de l'aniline un monopole d'Etat, entreprise pour laquelle il n'avait d'ailleurs ni le personnel, ni la compétence nécessaires. « Un délai de six mois n'est déjà pas très flatteur pour l'esprit anglais d'entreprise, écrivait le *Daily Mail*. Que le gouvernement ose enfin se remuer et reconnaître avec Stuart Mill, le plus grand des libre-échangistes, qu'une industrie nouvelle, si elle veut lutter avec une concurrence étrangère forte et solidement établie, a besoin d'une certaine assistance de l'Etat et d'une protection qui se justifie par les nécessités de la guerre».

A la Chambre des Communes, la proposition d'assurer à l'industrie nouvelle une garantie fiscale suffisante souleva les protestations des libre-échangistes à tous crins.

L'Association des teinturiers de Huddersfield refusa de prendre l'engagement de réserver des achats à la Compagnie nouvelle si celle-ci ne lui garantissait pas un prix en rapport avec ceux que pourraient offrir les Allemands. Le prix « raisonnable » proposé par les promoteurs de la nouvelle société contentait les patriotes, mais les « industriels » ne voulaient pas s'astreindre à l'obligation de n'acheter leurs produits qu'à la société.

En attendant qu'on se soit mis d'accord sur une base de prix, ou sur les droits de douane, ou sur d'autres mesures radicales, les Anglais ne font rien.....

..... Notons pour nous résumer que l'Angleterre est grosse productrice des matières premières utilisées dans la fabrication des colorants artificiels, telles que le benzol, la naphtaline, l'anthracène, mais que ses industriels sont fort embarrassés pour les mettre en œuvre et les transformer. En France, ce ne sont pas les difficultés techniques qui arrêtent les industriels, c'est le manque de matières premières.... . et l'initiative industrielle et financière. La pauvreté de l'Allemagne en matières premières ne l'a pas empêchée de prendre la tête pour la fabrication des colorants, des produits chimiques et des produits pharmaceutiques. Elle avait la science pour elle, et elle voulait aboutir. Ce tryptique dit assez ce qui manque en France pour aboutir.....

La première impression des « leaders » du commerce américain, lorsque la guerre a été déclarée, fut que le commerce mondial allait échoir à leur nation, les peuples à qui il était dévolu jusqu'ici se trouvant acculés à démolir leurs capitaux au lieu de continuer à construire..... Une étude attentive du manque à peu près total d'organisation du commerce américain extérieur ramena bientôt ces perspectives merveilleuses à leur réelle valeur. Aujourd'hui les hommes d'affaires américains s'ingénient moins à accaparer le commerce de l'Allemagne, de la France, de l'Angleterre, de la Belgique, qu'à organiser chez eux les industries pour lesquelles l'Amérique dépendait jusqu'ici de ces nations et à suppléer par leur activité à ce que ne peuvent fournir les arsenaux et les usines diverses de matériel de guerre françaises, anglaises et russes.

En ce qui concerne les produits colorants, une enquête ouverte par la revue *Metallurgical and Chemical Engineering*, ne semble pas faire présager la création prochaine d'usines américaines, du moins si les intéressés adoptent les conclusions de certains spécialistes, publiées dans l'organe officiel de la Chambre de commerce de New-York.

Les documents qui s'y trouvent reproduits montrent que les Etats-Unis produisent 30 % de l'aniline qui leur est nécessaire (1), les 70 % restants, tout leur indigo et leurs couleurs d'alizarine étant importés surtout d'Allemagne. En fait — question de proportion à part — les Etats-Unis sont logés à moins belle enseigne encore que l'Angleterre, la France, etc. La consommation des Etats-Unis en fait de produits colorants allemands en 1913 atteignat 2.428 tonnes d'huile d'aniline, 638 tonnes de benzol et de naphtylamine, 965 tonnes d'anthraquinone, 13.855 tonnes de teinture d'aniline, 493 tonnes de rouge d'alizarine, 2.164 tonnes d'autres couleurs d'alizarine, 3.461 tonnes d'indigo, en tout 24.004 tonnes de produits colorants. L'alizarine n'acquitte aucun droit à l'entrée, les teintures d'aniline paient 30 % *ad valorem* et l'huile d'aniline 10 % *ad valorem* (ce dernier droit à titre d'encouragement à l'industrie américaine qui, d'ailleurs, n'a jamais tenté l'aventure).

Grâce à l'ingénieuse politique des fabricants allemands, il n'existe aux Etats-Unis aucune usine qui puisse réaliser la fabrication complète de produits colorants extraits du goudron. Il y a lieu de supposer que l'exportation des colorants allemands continue à s'y faire, quoique de façon difficile, par le canal de la navigation scandinave, du moins pour les produits achevés, certaines matières premières étant contrebande de guerre.

Mais si cette source vient à se tarir, les Américains vont-ils entreprendre la fabrication des couleurs dérivées du goudron ?

Non, recommande un expert-chimiste new-yorkais, qui étaie ainsi ses conclusions : Chaque usine chimique allemande ne forme pas un tout indépendant, industriellement ou commercialement, de ses voisines ; seul le conglomérat national des usines allemandes de matières colorantes est indépendant de la fabrication étrangère. Il faut bâtir d'un coup l'ensemble des usines nécessaires à la fabrication des sept cents teintures usuelles (2), usines qui se répartiront entre elles les diverses

---

(1) A noter que les Américains emploient directement plus des neuf dixièmes de la production de goudron de leurs usines.

(2) Nombre qui se réduit aisément à une cinquantaine, dans la pratique usuelle.

fabrications d'après leurs spécialités; si l'on veut lutter de façon efficace contre la concurrence allemande, il faut s'outiller pour produire à la fois, en une ou en plusieurs usines, les sept cents couleurs importées.

Si cette lutte était possible, il y a longtemps qu'elle aurait été tentée en Angleterre, en France, en Suisse, en Russie ou ailleurs. Or, c'est l'Allemagne qui a battu toutes ses concurrentes, au point que la concurrence y est devenue pour ainsi dire inexistante.

Par ailleurs, les frais d'installation exigeraient un capital minimum de 25 millions de francs, tandis qu'on ne pourrait compter que sur une moyenne de vente de 175 francs par jour pour chacune des 700 couleurs d'aniline à fabriquer. Or, en 1913-14, il a été introduit aux Etats-Unis pour doll. 1.093.226 d'indigo et pour doll. 845.459 d'alizarine, qui ne paie..... aucun droit; 7.464.134 de couleurs d'aniline qui paient 30 % et d'huile d'aniline qui paye 10 % à l'entrée. Or la recette à prévoir serait insuffisante pour parer aux inconvénients possibles d'une mauvaise fabrication qui ruinerait les capitaux exposés. L'industrie des colorants s'est à ce point adaptée aux conditions d'exploitation en Allemagne qu'elle y trouve à la perfection ses affinités naturelles et qu'il n'est que prudent de ne pas tenter une transplantation de cette industrie en Amérique, etc.

Ces arguments ont fortement étonné dans les milieux scientifiques ou industriels qui en ont eu connaissance. Les 700 couleurs d'aniline fabriquées en Allemagne ne diffèrent souvent entre elles que par leur nom ou par une proportion déterminée, sans changement de procédé ou de bases, des matières chimiques composantes. Cette proportion est connue pour la plupart des nuances, malgré l'obscurité voulue des brevets allemands à ce sujet.

Quant à la marge des profits, les chiffres ci-dessus sont aussi tendancieux qu'incomplets : elle se marque assez par les énormes dividendes répartis par les sociétés de produits colorants et par le luxe de leurs installations.

Libre aux chimistes américains de se laisser convaincre par des arguments tels que ceux que nous venons de résumer et qui peut-être leur épargnent un aveu pénible d'insuffisance scientifique ou technique. Qu'il nous suffise, à nous, de faire remarquer que le chimiste qui les publie s'appelle le D$^r$ B.-C. Hesse, citoyen américain peut-être, mais d'un civisme probablement tempéré par la loi Delbrück! Deutschland über alles!!

## III

Le fléau de l'invasion allemande, déferlant à l'est de Paris, où il se trouvait bientôt arrêté sur la Marne, avait épargné la populeuse et riche vallée de la Seine et laissé intactes ses florissantes industries chimiques et textiles. Les besoins de l'armée en campagne donnèrent bientôt à ces industries une activité intense, contrastant avec la crise qui sévissait depuis plusieurs années. Cette activité rendait nécessaire une solution urgente du problème du ravitaillement en matières colorantes avec les moyens existants à Paris, à Lyon, en Normandie, tandis que la région chimique lilloise se trouvait en grande partie occupée par l'ennemi ou par les troupes alliées.

En France, comme en Angleterre, le problème à envisager était double. Le souci le plus urgent venait de la nécessité d'assurer à l'armée une production suffisante du benzol et du toluol nécessaires à la fabrication des explosifs et, à l'industrie textile, les matières colorantes indispensables pour en éviter le chômage.

Il fallait ensuite, à l'exemple de l'Angleterre, préparer l'autre revanche : soustraire la France au quasi-monopole de l'Allemagne en matière de produits chimiques, recréer pour ainsi dire de toutes pièces une industrie pour laquelle le pays se trouvait être autrefois le premier du monde, indispensable à son indépendance économique et qui, au point de vue financier, constituait un placement des plus rémunérateurs. Suffisamment développée par sa puissance propre et par les entraves que l'on imposerait au vaincu, l'industrie des produits colorants, redevenue française, aiderait de nouveau la France à reprendre sa place parmi les grands pays exportateurs.

Sera-t-il dit que la France aura laissé passer six, huit, dix mois, un an peut-être, sans prendre les mesures nécessaires, non seulement pour se soustraire à l'emprise totale de l'Allemagne en matière de fabrication de produits chimiques, mais même pour reconquérir sur son sol purifié une petite part du domaine qu'elle avait permis aux Allemands de s'approprier ?

On a perdu du temps, beaucoup de temps.

Volontiers nous admettrons l'excuse que les premiers mois de la campagne menaçaient la France d'un danger autrement grave que celui d'une emprise économique ; qu'un des centres les plus importants de l'industrie chimique française a servi de champ de bataille ; que les deuils nationaux et les angoissantes préoccupations familiales ont absorbé, bien plus qu'en Angleterre, une grande partie des attentions, depuis le mois d'août ; que l'industrie chimique a, comme les autres, grandement pâti au début des difficultés financières créées par le moratorium.

Il est grandement temps, aujourd'hui, de rappeler l'échéance plus ou moins prochaine d'un retour agressif de l'Allemagne, non plus guidé cette fois par des hordes de uhlans sanguinaires, mais par des commis-voyageurs à l'aspect inoffensif, espions échappés au désastre allemand, fourriers de l'invasion économique toujours caressée par nos adversaires. Nous ne devons pas nous faire illusion sur l'avenir. Nous ne pouvons déterminer encore, — ignorant les conditions dans lesquelles le traité de paix placera l'Allemagne ou les lambeaux de celle-ci, — le plus ou moins de chances qu'auront les grandes sociétés allemandes de produits chimiques de reprendre leurs traditions victorieuses. Mais nous ne pouvons oublier qu'avant la guerre les directeurs de la Badische affirmaient sans être contredits que l'Allemagne a sur la France, en matière de produits chimiques, une avance de soixante ans. La guerre, nous pouvons le dire, n'a pas mis encore les deux pays sur un pied d'égalité.

Nous avons vaincu l'Allemagne, malgré notre manque de préparation, malgré les formidables armements accumulés par elle depuis trente ans. Sommes-nous aussi sûrs de triompher dans le domaine économique ?

Nous avons démontré plus haut que la chimie est une science éminemment française par ses origines, par les gloires qui entourent son berceau, par les magnifiques traditions qu'elle possède, par les splendides résultats auxquels ses savants et ses industriels sont arrivés dans leurs laboratoires. Devons-nous admettre avec le professeur Fischer que l'ordre et la clarté, qualités éminemment françaises, sont condamnés à être dépassés par le « génie d'organisation » des Prussiens ? Qui nous empêche de créer ici les instruments grandioses et merveilleux qui leur ont permis cette « spécialisation » une des sources, d'après eux encore, les plus fécondes de leur prospérité ?

Le défi qu'ils nous lancent, nous déclarons-nous incapables de le relever ? La menace permanente que nous trouverons devant nous à peine la guerre finie, aurons-nous l'humiliation d'y céder d'avance ?

Hélas ! on ne peut guère être fier en France de ce qu'on a réalisé depuis le mois d'août pour lutter contre l'Allemagne au point de vue économique. Le pays semble s'éveiller, mais que sa somnolence est donc dure à vaincre !

En ce qui concerne l'objet de notre étude, une des mesures efficaces et dont on eût souhaité la prompte mise à exécution, eût été l'annulation, temporaire ou définitive, des brevets allemands en France. Le droit de propriété qu'avaient sur ces brevets leurs auteurs allemands s'annulait, en stricte justice sinon en droit, par les monstrueuses violations de la propriété privée commises par les Allemands en France et en Belgique, en dépit des prescriptions formelles de la Convention de La Haye. Tout au moins pouvait-on appliquer en France des mesures identiques à celles que l'Angleterre avait prises et permettre aux industriels français de remettre sur pied pour compte français, pour la durée de la guerre, — quitte à régler la situation de façon définitive après celle-ci, — les fabrications brevetées qu'exploitaient les Allemands.

Au contraire, peu de droits ont été respectés, pendant la guerre actuelle, comme ceux des inventeurs... et des écrivains et compositeurs (1). On a mis sous séquestre les usines allemandes en France mais leur utilisation nationale n'a produit que des résultats décevants.

On sait que la plupart d'entre elles, soi-disant créées pour le traitement des produits chimiques, bornaient leur activité, au vu et au su de tout le monde, à une fraude grossière ; pour éluder le payement des droits dûs sur les produits allemands, elles recevaient d'Allemagne des produits à peu près achevés et se bornaient à les compléter ou à les diluer, à « mettre

---

(1) On nous dit que le principal obstacle à la suppression totale ou temporaire des brevets a été apporté par la nécessité de ménager en Allemagne et en Autriche les droits d'auteur, régis par la même législation ! L'industrie est chose négligeable, mais vive la littérature et la musique ! Ce point de vue semble, à mots couverts, ressortir d'une étude récente de M. Michel Pelletier sur ce sujet.

en boîtes », en frustrant le Trésor, les produits qui leur étaient expédiés en vrac.

Pourquoi le fisc, d'ordinaire si rigoureux, était-il arrivé à fermer les yeux sur cette fraude constante ? Comment les chimistes attachés à la douane franco-allemande laissaient-ils passer au tarif le plus bas des indigos à 50 % que les usines allemandes en France délivraient ensuite à 20 % ?

La fabrication de l'indigo synthétique à Creil n'a pu se poursuivre, après quelques mois, faute de certain produit dont la maison allemande fondatrice gardait un monopole jaloux de fourniture.

Les stocks de la fabrique lyonnaise écoulés graduellement par les soins du sequestre (voir *Matin* du 27 mars 1915) celui-ci s'est vu dans l'impossibilité quasi absolue de poursuivre les fabrications spéciales de la succursale de Cassella faute de matériel et de matière première. D'où l'initiative louable, mais restée stérile jusqu'ici, du Comité d'études pour la fabrication des matières colorantes, fondé depuis plusieurs mois.

Il n'y avait pas en France, de fabrication réelle, de mise en œuvre sincère des brevets allemands qui couvraient cette fabrication. Or la loi sur la propriété des brevets exige cette mise en œuvre dans les deux ans de la prise de brevet. En droit pur, — comme l'a fort bien fait remarquer à la Société Industrielle de Rouen, le chimiste si réputé A. Dubosc, — le gouvernement était armé pour réclamer l'annulation des brevets allemands sur les matières colorantes. Quelles influences se sont interposées pour empêcher l'application de la loi, et arrêter ainsi les efforts de ceux qui veulent secouer le joug allemand en la matière ?

Un moment on crut le principe de la réaction anti-germanique, réaction à laquelle le caractère de justes représailles était attaché, adopté par la mise sous sequestre des maisons austro-allemandes en France. « Morte la bête, mort le venin », se disait-on. La mesure était radicale et sévère, mais après le général Foch, l'amiral Jellicoe l'a dit : « L'essence de la guerre est la violence. Tout ce qui n'est pas violence est une imbécillité. » Les procédés allemands dans les usines et les maisons de commerce de Lille, de Reims, de toute la Belgique, autorisaient ces représailles : la fermeture de toutes les maisons austro-allemandes, l'éviction germanique de toutes les usines, l'emprisonnement de tous les sujets ennemis.

Le droit qui, comme disait un humoriste, n'est bien souvent qu'une caricature de la justice, envisageait la situation sous un aspect bien différent. La fermeture des maisons de commerce et des usines austro-allemandes pouvait, annonçait-on, aboutir à priver de travail de nombreux ouvriers. L'activité de certaines de ces usines était, d'ailleurs, indispensable à la défense nationale, ce qui montre parfaitement le danger formidable qu'ont pu présenter certaines formes de l'infiltration allemande. Et puis une mesure aussi radicale devait naturellement susciter les rigueurs parallèles de l'Allemagne et de l'Autriche.

M. Briand expliquait le 15 novembre le sens dans lequel il fallait entendre ses instructions en matière de sequestre :

« La mise sous sequestre des biens appartenant à des sujets allemands, autrichiens ou hongrois n'a pas et ne peut en aucun cas prendre le caractère d'une mesure de spoliation ; elle ne procède pas d'une idée de confiscation, et loin de tendre directement ou indirectement à une expropriation, elle doit, conformément aux intentions du Gouvernement, demeurer toujours purement conservatoire ..... Elle est essentiellement destinée, en ce qui concerne les maisons allemandes ou austro-hongroises qui pratiquaient l'agriculture, le commerce ou l'industrie en France, à empêcher que les nations ennemies ne puissent, au moyen de ces établissements, bénéficier pendant la guerre de l'activité économique de notre pays. On ne saurait, sous aucun prétexte, la faire servir à d'autres fins.

Seule la nécessité absolue pouvait donner motif à une réalisation de l'actif.

En bon français, la guerre finie, les Austro-Allemands reprendront possession de tout leur actif et parfois même avec une plus-value si, pour des raisons d'intérêt national, leurs usines et engins ont continué à fonctionner en réalisant des bénéfices. « Quelque exorbitant que cela paraisse, il n'en est pas moins vrai que, en l'état actuel des choses, ces industriels dont les machines auront été utilisées pendant qu'ils combattaient dans les rangs de l'armée d'invasion (ou qu'ils restaient en France à servir leur pays par l'espionnage comme ils le faisaient avant la guerre) auront le droit de réclamer, en même temps que la restitution de leurs biens, le compte des profits résultant de l'exploitation par les soins du sequestre. » (1)

Si le Gouvernement, en comprenant ainsi qu'il l'a fait son droit de prise, a entendu ne faire de la mise sous sequestre

---

(1) M. Charles PIERRE. — *Journal de Rouen*, 28 déc. 1914.

qu'une mesure prudente et transitoire (1), appliquer une réglementation passagère rendue nécessaire par la crainte de représailles, en Autriche surtout (où la propriété française se chiffrerait par plus de trois milliards), nous n'y trouvons rien à redire. Mais si de la situation de fait il voulait conclure après la guerre à une interprétation de droit, on fait ressortir que l'opinion n'admettra pas celle-ci et qu'elle trouvera le moyen d'amener le Gouvernement à une conception plus stricte et plus juste des exigences de cette opinion. Un projet de loi est à l'examen consacrant en bonne et due forme le droit de reprise sur les biens ennemis; des députés demanderont l'expropriation pure et simple.

Revenons aux mesures à prendre pour soustraire le pays, pendant la guerre, aux difficultés nées de son imprévoyance et de la négligence des industriels en matière de produits colorants et pour lutter dans l'avenir contre le monopole de fait qui existait avant la guerre.

Nous rendrons volontiers cette justice au Gouvernement qu'il s'est rendu compte sans trop tarder des difficultés qui allaient naître de la cessation des exportations allemandes de produits colorants. A la suite des pourparlers qui se tinrent entre ses représentants et les industriels pour arriver à ce double but, le 19 octobre, le *Journal Officiel* publiait un décret, basé sur la loi du 5 août et créant pendant la durée de la guerre et à titre temporaire un *Office des produits chimiques et pharmaceutiques* relevant du Ministère du Commerce et de l'Industrie. « Cet office, dit le document officiel, a pour mission de *constater* les quantités existantes de produits chimiques et pharmaceutiques, d'*évaluer* leur production actuelle et d'*assurer les approvisionnements* et leur répartition. Il a également pour mission de *développer* en France une production plus intense de ces mêmes produits et d'*encourager la fabrication de produits nouveaux.*

Le programme est précis et complet. M. Béhal, professeur à l'Ecole supérieure de Pharmacie, membre de l'Académie de Médecine, était nommé directeur de l'Office des produits chimiques.

---

(1) L'administration des séquestres, par ses lenteurs qui ont exigé en mars une intervention directe de M. Briand, s'est d'ailleurs chargée de rendre la majorité de ces mises sous séquestre inopérantes au point de vue économique.

Pour réaliser les deux premiers objets de ce programme, M. Béhal ne tarda pas à s'aboucher avec les représentants officiels de nos fabricants que préoccupait bien davantage, — nous le notons dès le début, — la nécessité immédiate de maintenir leurs usines en activité que le souci des mesures à prendre pour échapper après la guerre à l'emprise allemande.

Hâtons-nous de dire cependant que les représentants les plus écoutés de notre industrie chimique, comme aussi les spécialistes qui ont à cœur l'intérêt de la patrie étaient loin de négliger la seconde partie du programme donné à l'Office des produits chimiques. La meilleure preuve s'en trouve dans l'ordre du jour des récentes réunions de la Société Industrielle de Rouen, conçu comme suit :

« Opportunité de créer en France des fabriques de matières premières et de matières colorantes pour remplacer les fabriques allemandes. » C'était clair, net, et cela sonnait comme une déclaration de guerre au monopole ennemi.

Mais, rapidement, l'urgence même du mal causé par la disette de ces matières premières fit donner le pas au problème du ravitaillement immédiat des teintureries. Plus tard on s'occuperait de la résurrection de la fabrication française des produits colorants.

Le président du Comité de chimie de Rouen, section de la Société Industrielle, ouvrit donc la séance du 20 novembre en rappelant que, depuis l'ouverture des hostilités, les industriels de la teinture et de l'impression qui jusqu'alors se fournissaient en Allemagne de matières colorantes artificielles, — dont il n'existait qu'une seule usine française, — se trouvaient singulièrement gênés dans leur approvisionnement. L'usine française n'était pas en état de fournir à elle seule tous les produits demandés, d'autant plus que sa production totale avait été réquisitionnée par le Gouvernement, et les usines suisses, tributaires de l'Allemagne pour les principales de leurs matières premières, n'étaient pas en état de combler les vides.

Le D$^r$ Béhal devait, à la séance suivante, venir prendre note des desiderata à examiner et commencer son enquête sur la situation de la production et de la consommation des produits colorants. Cette séance réunissait, le 11 décembre, outre M. Béhal : M. Henry Turpin, président de la Société Industrielle ; le D$^r$ Chapuis, de la maison Poirrier, et M. Camille Poullenc, de Paris ; MM. Émile Blondel, président du Comité de Chimie; Michel et Piequet, vice-présidents; Ch. Reber et Alf. Buquet, membres du bureau de la Société Industrielle; Fortier, sénateur de la Seine-Inférieure; G. Leverdier, président de la Chambre de commerce de Rouen ; Fraenkel, président de la Chambre de commerce d'Elbeuf, et une cinquantaine d'industriels et de chimistes.

M. Turpin, après un tableau concis du développement allemand en matière de produits chimiques, exprima l'espoir que, grâce au concours éclairé et énergique du gouvernement, l'industrie française ne serait pas privée des matières colorantes indispensables actuellement pour alimenter sa production et faire vivre un nombre considérable d'ouvriers.

M. Blondel montra ensuite le monde entier presque exclusivement tributaire de l'industrie chimique allemande qui, dans la branche des matières colorantes, par exemple, fournissait à l'industrie mondiale non seulement les matières colorantes elles-mêmes, mais les matières premières dérivées de la houille, destinées à leur fabrication et que toutes les nations semblaient s'être ingénuement évertuées à faire converger au-delà du Rhin. Rappelant la parole de Wurtz : « La chimie est une science française, constituée par Lavoisier », il montra que certaines grandes usines n'avaient pas dégénéré de cette tradition, tandis que d'autres comme celle de la Poterie-Elbeuf avaient été tuées par ce développement des usines allemandes. Si ces dernières sont venues en France créer des usines filiales, conclut-il, c'est à cause de la législation française en matière de brevets.

Et l'éminent président du Comité de Chimie attirait de nouveau l'attention sur la supercherie abondamment pratiquée par les Allemands : « Ces filiales, dit-il, pour la plupart, ne faisaient que du commerce d'importation. On y terminait ou simplement on y diluait ce qui avait été préparé en Allemagne. Cela est si vrai que, très peu de semaines après le début de la guerre, ces établissements, même s'ils n'avaient pas été fermés à cause de leur direction allemande, n'auraient pu continuer à alimenter l'industrie »

M. Béhal, au nom du gouvernement, approuva les idées exprimées par M. Blondel. « L'industrie française ne doit plus compter sur la production allemande. Une grande usine de la région parisienne a su résister à la concurrence allemande, mais elle s'est vue en raison des circonstances, accaparer par l'Etat. On pourrait, ajoutait M. Béhal, tout en respectant les exigences de la défense nationale, demander à l'administration d'autoriser cette maison à réserver à l'industrie française une partie de sa fabrication. Il y aurait lieu de nommer une commission qui réunirait des techniciens, des industriels et qui, présentée par les parlementaires des régions intéressées, pourrait rapidement et utilement intervenir auprès des ministres de la guerre et du commerce..... »

En conséquence et sur le champ l'assemblée décidait la constitution d'une commission régionale composée de personnalités compétentes et chargée spécialement d'établir le calcul des besoins industriels régionaux en fait de matières colorantes.

Cette commission devrait également indiquer ce que seraient, au point de vue chômage, les conséquences de la fermeture des usines auxquelles ces matières sont indispensables. La composition de cette commission serait la suivante : le président et les vice-présidents du Comité de Chimie, le président et les membres du bureau de la Société Industrielle, les présidents des Chambres de commerce de la région, les présidents des grands syndicats industriels intéressés, et les représentants des grandes usines régionales.

Le 15 décembre M. Emile Blondel donna devant une très nombreuse assemblée les résultats de son enquête personnelle. Il exposa que, parmi les matières premières nécessaires à la fabrication des matières colorantes, les benzols et l'acide phénique existeraient en France en quantités suffisantes. Quant à l'aniline, il en existe également des réserves assez considérables puisque la maison Poirrier en possède actuellement des stocks assez importants pour faire face à peu près complètement à tous les besoins. « Ce qu'il faut, ajouta-t-il, c'est convaincre le gouvernement qui a réquisitionné ces stocks, qu'il est urgent de les mettre, au moins en partie, à la disposition de l'industrie, afin de permettre dans cette branche la reprise de la vie économique. »

M. Béhal, après sa visite au centre industriel rouennais, se propose également de se rendre à Lyon, à Roanne et dans les Vosges, et après s'être entouré de tous les renseignements nécessaires, fera tous ses efforts pour obtenir du ministère du commerce que le stock d'aniline actuel soit affecté à la fabrication des matières colorantes indispensables à l'industrie. Evidemment, il n'y a pas à éprouver d'inquiétude immédiate; il existe dans notre région des approvisionnements suffisants pour durer un certain temps, mais il faut prévoir l'époque assez prochaine où certaines couleurs d'emploi courant, telles que les noirs au soufre, viendraient à manquer. L'industrie de l'indienne de la région normande devra indiquer la quantité de matières colorantes qui lui sont nécessaires. Quant aux industries de la filature et du tissage, leur part de renseignements à fournir consistera dans l'indication du nombre d'ouvriers qui viendraient à chômer si elles ne pouvaient plus être alimentées en coton teint.

Du compte rendu de la discussion qui suivit, détachons l'assertion faite par M. Béhal et selon laquelle la question de l'indigo synthétique était résolue : l'usine de Creil, qui en fabrique actuellement, serait en mesure d'en produire suffisamment pour alimenter l'industrie drapière et peut-être aussi l'industrie cotonnière (1).

A propos de l'acide phénique M. Dubosc exprima quelque doute sur l'abondance de sa production : ce produit provenait principalement de la fabrication de cokes métallurgiques dans des régions aujourd'hui inaccessibles : la région de Lens, la Belgique et la Prusse rhénane. Aujourd'hui on ne l'obtient plus guère que de l'Ecosse et de l'Angleterre. Or, la Grande-Bretagne se réserve sa production, et la rareté de l'acide phénique serait prouvée par le fait que son prix a monté à 2 fr. 50.

A la réunion du 18 décembre, M. Blondel, au nom du Syndicat de la teinture, donna les chiffres des quantités de matières colorantes mensuellement nécessaires à l'industrie locale.

M. Fraenkel, président de la Chambre de commerce d'Elbeuf, — à l'initiative et à l'énergie duquel nous tenons à rendre hommage, comme à celles de son cousin M. René Fraenkel, — détermina les besoins de ce centre en indigo.

M. Maurice Lemarchand, président du Syndicat normand du tissage de coton, calcula ensuite à 21.000 le nombre des ouvriers de l'apprêt, de la teinture et de l'impression qui, dans la région rouennaise, tomberaient en chômage si les matières colorantes venaient à faire défaut. Pour la région d'Elbeuf ce chiffre serait d'au moins 12.000 ouvriers.

A bon droit, M. H. Turpin fit remarquer que l'industrie cotonnière, la grande industrie locale, était à peu près la seule

---

(1) En fait, comme on nous l'affirme, l'usine de Creil s'est vue rapidement dans l'impossibilité absolue de continuer sa fabrication d'indigo synthétique.

source de richesse actuellement productrice dans la région, et que son arrêt porterait un coup mortel à toute la vie économique régionale.

En possession de ces indications l'assemblée décidait qu'une délégation se joindrait au directeur de l'Office de produits chimiques pour exposer de façon pressante au ministre les besoins de l'industrie locale. Elle comprendrait MM. E. Blondel, Lemarchand, Leverdier, Turpin, Carmichæl (1).

## IV

Toute anxiété pour le présent immédiat étant dissipée ou à peu près et les mesures supposées prises pour parer au danger d'une disette prochaine, l'attention doit se porter de façon impérieuse sur la façon dont on s'y prendra pour rendre enfin à la France la place qui lui revient normalement, et surtout après sa victoire sur l'Allemagne, dans la fourniture des matières premières nécessaires à sa propre industrie, et si possible, pour développer considérablement ses usines de telle façon qu'elles puissent, elles aussi, prendre la place des Allemands sur les marchés étrangers.

Le Président de la Société Industrielle avait émis l'avis, dès le début des réunions dont nous venons d'étudier un des objets, qu'il y avait intérêt et urgence à discuter avec tous les intéressés le problème de la création à nouveau d'une vaste industrie des produits colorants en France. Et, dès le premier jour, il précisait la forme de cette étude : on demanderait le secours de leurs lumières aux fabricants de matières premières ou à demi transformées, comme les directeurs d'usines à gaz et fabricants s'occupant de la grande industrie, Chambres de commerce, syndicats divers. Du choc des idées, de la combinaison des intérêts, du désir de profiter de circonstances inespérées, naîtrait sans nul doute, aux yeux de M. Turpin, la revanche économique depuis si longtemps souhaitée, mais dont on semblait vouloir faire un idéal inaccessible plutôt qu'une réalité prochaine.

L'Angleterre, bien plus favorisée que la France par la pos-

---

(1) A l'heure où paraissent ces lignes, la délégation n'a pas encore été présentée au ministre !!!

session en abondance des matières indispensables, avait pris les devants et ne tarderait sans doute pas à se mettre à la tête de la réaction antiallemande. Il s'agissait d'aller vite, de la suivre de près pour ne pas dépendre à nouveau d'une source amie, mais étrangère, d'approvisionnement. Et l'Amérique, elle aussi, n'allait-elle pas se lancer dans la voie ouverte par l'absence de concurrence et, avec son esprit audacieux et résolu, aboutir rapidement, tandis que l'Angleterre et la France poursuivraient d'incertains tâtonnements ?

M. Kettner, ingénieur de la maison Grafton, de Malaunay, fit savoir où en étaient en Angleterre les pourparlers entre le Gouvernement et les groupes intéressés. Aux Etats-Unis, comme le montrait un rapport présenté par M. Reitenbach, la question avait déjà été étudiée en long et en large, mais sans solution pratique. Le problème y avait été mal posé, — avec intention, affirmaient des chimistes, — les difficultés signalées résultant d'une interprétation inexacte des faits.

Il n'y avait donc, outre Manche ni outre Atlantique, pas de danger immédiat d'une concurrence nouvelle. Si on partait à temps, on pourrait se rattraper encore.

Dès le début de l'étude pratique du problème, M. Turpin fournissait des précisions. On allait tenter de ravir à l'Allemagne le monopole de fait qu'elle détenait dans la fourniture en France de produits colorants. C'était entendu. On obtiendrait sans doute du Gouvernement un règlement satisfaisant en ce qui concernait la situation des usines allemandes en France. Les rares usines françaises qui avaient survécu à la lutte reprendraient celle-ci avec courage et une quasi-certitude du succès, puisque le Gouvernement promettait son appui et même sa collaboration.

Mais charité bien ordonnée commence par soi-même ! La France n'est pas une abstraction, surtout au point de vue industriel. Tandis que les autres centres de fabrication chimique réaliseraient leur part d'action commune, pourquoi ne pas borner pour l'instant l'action de la Société Industrielle et de ses adhérents au développement de l'industrie des colorants à la région de Rouen, ou tout au moins à la vallée de la Seine ? Il est beau d'embrasser la France entière dans son effort ; mais ne risque-t-on pas de stériliser cet effort en dispersant les énergies ?

Quiconque a pu suivre le développement historique de l'industrie en France ne pourra qu'approuver la sagesse et la prudence du vœu émis par la Société Industrielle. Dans le décret établissant l'Office des produits chimiques et pharmaceutiques, on a pu lire non sans quelque scepticisme la phrase suivante : « Il (l'Office) a également pour but de *développer* en France une production plus intense de ces mêmes produits et d'encourager la fabrication de produits nouveaux. »

Diverses expériences trop récentes d'étatisme ne font-elles pas craindre que le Gouvernement ne songe, sous prétexte d'assurer l'existence d'une fabrication vraiment française de produits colorants, à établir et à exploiter lui-même les usines nécessaires à cette fabrication, usines qu'on livrerait à des « savants » officiels d'une autorité incontestée, mais d'une compétence industrielle moins reconnue et qui jetteraient un nouveau discrédit sur l'industrie française ? Au monopole des allumettes, de la fabrication de la poudre, etc., n'avait-on point l'idée de joindre celui des colorants, des produits pharmaceutiques, des produits chimiques mêmes ?

Au surplus, comme M. Turpin l'ajoutait, « notre région se prêterait mieux que toute autre au but que l'on se propose. tant par sa situation géographique que par les éléments déjà existants, Rouen étant dans les meilleures conditions pour constituer à la fois un centre de production et un centre de consommation ? »

D'autres régions pourraient s'outiller, créer chez elles des usines chimiques, développer les moyens de lutter contre les vastes usines allemandes. Tant mieux. Plus l'effort serait grand, plus sûre serait la victoire. Mais le plus sage était de limiter ses efforts d'une façon bien pratique, de faire de sain régionalisme industriel.

Un ingénieur de la région de Rouen, — active, manquant un peu d'initiative, mais d'un caractère particulariste fort accentué, — écrivait dès octobre 1897 dans le *Bulletin du Musée commercial de Rouen* : « On se demande pourquoi il n'y a pour ainsi dire aucune industrie sur les rives de la Seine, où partout cependant les navires de haut tonnage peuvent aborder..... On dirait que les bords de la Seine sont réservés exclusivement à la plantation de pommiers, dont les fruits sont vendus aux Allemands, ou à l'élevage de quelques vaches qui fournissent du beurre à l'Angleterre pendant qu'on nous régale de margarine faite par les Anglais. La vallée de la Seine jusqu'à Rouen devrait être le centre de l'industrie et du commerce français. La France est la plus favorisée de toutes les puissances européennes pour la facilité des transports. L'Angleterre elle-même est forcée de contourner la moitié de la France et l'Espagne pour ramener des Indes, de l'Australie et de nos colonies des denrées de l'Extrême Orient. Les Anglais passent donc devant nos portes avec la matière première pour repasser quelques mois après, avec cette même matière transformée dans ses usines. A quoi cela tient-il ? » (1)

Cela tient peut-être, en bonne partie, à la stagnation générale de la population française qui restreignant les besoins de « placement » des enfants (2), ne force pas les « patrons », les propriétaires et directeurs d'usines à essaimer, à construire d'autres usines, à commencer d'autres fabrications.

La main-d'œuvre est également une question des plus épineuses. Un industriel des plus appréciés que nous interrogions sur les chances de succès de l'industrie projetée nous répondit de façon peu encourageante : « La France est un pays agricole, elle n'est pas faite pour la grosse industrie, parce que la grosse industrie exige un nombre considérable de bras et que la France ne fait plus d'enfants..... Et que sera-ce après la guerre?..... Le protectionnisme qui est la base de notre politique commerciale a pour but de maintenir à l'agriculture et aux industries qui ne visent pas les marchés extérieurs une existence facile et sûre, mais il tue toute initiative vaste. Déjà il est un fait reconnu que nos industries ne sont pas indéfiniment extensibles, comme en Allemagne. Chaque centre en limite l'expansion dans la mesure de la main-d'œuvre dont il dispose et qu'il ne semble pas vouloir accroître sauf aux dépens des campagnes. Jamais les intelligences ne manqueront à l'industrie française, mais si les bras lui font défaut, l'existence même lui devient impossible. Permettez-moi de parodier la parole d'un de nos ministres et de dire : Faites des enfants, sinon contentez-vous de votre agriculture et ne songez pas à développer votre industrie.

« D'autres pays : la Belgique, l'Angleterre, etc., ont, à des

---

(1) M. HERRENSCHMIDT, loco cit.

(2) Nul n'ignore que l'esprit colonisateur des Anglais tient en très grande partie à leurs lois sur l'héritage, qui attribue les propriétés et le titre en apanage à l'aîné, tandis que les autres enfants doivent chercher dans l'industrie et le commerce d'outre-mer à recréer pour eux la richesse attribuée aux aînés.

degrés divers, assez de vitalité pour ne pas faire protéger outre mesure leur industrie, celle-ci pouvant compter sur une main-d'œuvre abondante, facteur essentiel de l'établissement des prix. Eh bien ! que ces pays travaillent pour nous; qu'ils nous fournissent à bon marché leurs produits fabriqués ou même leurs matières premières. Nous renoncerons à produire cher ces mêmes articles, puisqu'aussi bien tous les bras sont occupés par l'industrie existante. La France économique ne tardera pas à devenir un monde fermé, à être condamnée à n'exporter plus que son vin ou les rares produits dont le prix n'importe pas mais que sauve leur goût.....

— Mais l'Allemagne, la Belgique et la Russie seules, répondions-nous, possèdent une main-d'œuvre capable de suffire à leur industrie et d'essaimer en même temps.....

— Croyez-vous donc que c'était pour le seul plaisir de contrister nos nationalistes que nous prenions des employés allemands !

— Alors..... après la guerre..... ?

— Après la guerre, Monsieur..... on verra si les Français se décident à manger au râtelier qu'on leur offre. S'ils y renoncent, hélas ! Monsieur, je crains bien que la Belgique n'ait fait pour nous un sacrifice inutile ».

..... Ces réflexions, amères, sont d'un pessimisme outré dans leur conclusion logique. L'Ecriture dit que Dieu a fait les nations guérissables. Nous avons reproduit cette appréciation, cependant, parce qu'elle peut constituer un des éléments à considérer de l'industrie dont on envisage la création.

Un autre motif de la non-industrialisation de la vallée de la Seine, en même temps que de la régression de l'industrie chimique dans la région qui nous intéresse, peut se trouver dans les tares de notre enseignement industriel, dont M. Piequet dit dans le rapport déjà signalé et qui précisément porte sur le sujet, le moins qu'on peut en dire pour ne pas contrister des amis dont l'effort ne répond pas à la bonne volonté ! Tandis qu'en Allemagne se développait à outrance l'enseignement technique, que se créaient des écoles spéciales admirablement adaptées aux régions et aux industries a desservir, que se développaient les laboratoires, que se multipliaient les encouragements offerts aux jeunes gens, sous forme de voyages et de bourses d'études d'abord, puis de places bien rémunérées ensuite, la région de Rouen vouée, — nous répétons impartialement ici les critiques entendues et dont chacun appréciera la valeur, — à l'uniformité de programmes officiels d'ailleurs trop chargés, conçus en dehors de toute pratique industrielle et commerciale, recruté avec difficulté le personnel spécial qui lui est indispensable..... et se fournit en Allemagne. L'enseignement libre n'a rien fait non plus pour améliorer cette situation. A coup sûr, en ce qui concerne l'industrie chimique, une part de cette responsabilité va aux patrons qui, d'une part, ne se sont pas servis des moyens que leur fournit la loi ou de leur influence personnelle pour faire modifier les programmes ; d'autre part, pour des motifs d'intérêt bien mal entendu, ouvraient toutes larges à des ingénieurs, à des chimistes allemands, sous prétexte qu'ils étaient « bien au courant » et qu'ils se contentaient de peu, des portes qu'ils fermaient à leurs jeunes compatriotes, d'une éducation générale assez développée, mais superficiels, exigeants, peu laborieux et incapables de réaliser sans aide au début la moindre analyse.

Des industriels nous disent encore que si l'agriculture prospère dans la vallée de la Seine, tandis que l'industrie se borne à conserver ses positions, c'est que celle-ci « éprouve à fond le poids de toutes les charges sociales que l'on se plaît à inventer, tandis que l'agriculture n'a plus guère à compter, en fait d'éléments défavorables, qu'avec le mauvais temps .... »

D'autres incriminent les banques et le secours plus que précaire et parcimonieux qu'elles accordent à l'industrie locale, tandis qu'en même temps elles dérivent vers l'Allemagne ou les pays d'outre-mer les capitaux qu'elles draînent dans leur clientèle. A quoi les banquiers répondent que les capitaux recherchent avant tout la sécurité et un bon rendement et qu'ils se dirigeront tout naturellement vers les industries locales, lorsque celles-ci leur assureront ce double avantage .....

On nous dit aussi que les industries rouennaises continuent à souffrir de leur passage par la phase, non encore achevée d'ailleurs, de concentration qui semble inhérente aux conditions de la fabrication moderne, et qui, en une vingtaine d'années, a abouti à la suppression d'un grand nombre de petits ateliers. Si l'éducation industrielle avait été plus développée en notre région, ces ateliers, au lieu de fermer purement et simplement ou de continuer une vie purement végétative, auraient orienté leur activité vers d'autres fabrications rémunératrices, par exemple les industries agricoles qui n' « existent » pas en France, en comparaison de ce que l'on trouve en Belgique ou dans l'Allemagne de l'Est.

Les Allemands prolifiques, doués d'une solide éducation technique, soutenus l'un par l'autre dans une organisation patriotique souple autant qu'étroite, trop souvent aussi aidés par la caisse d'espionnage si riche en Allemagne, étaient venus remplir les vides économiques, créer de nouveaux organismes, ouvrir de nouveaux débouchés. Regardera-t-on la guerre comme non avenue et laissera-t-on les Allemands s'installer à nouveau et définitivement dans la place ?

Les bases solides de profits qu'assure à la France sa politique protectionniste vont très probablement renforcer chez elle l'élément anglais, actif, énergique, sérieux, déjà nombreux, que nous possédions dans le pays. Les relations qui se nouent en ce moment, dans la région rouennaise en particulier, aboutiront probablement à un nouvel afflux d'initiative industrielle de nos alliés.

La région rouennaise, échappée comme par miracle au désastre de l'invasion, a vu par un surcroît de bonheur une activité sans pareille faire place au marasme économique qui avait marqué ces dernières années. Elle s'apprête à jouir, si elle veut profiter de ses avantages, d'une phase plus accentuée encore de prospérité économique à laquelle la prédestine sa position géographique. Laissera-t-elle le courant profiter à d'autres qu'à elle-même ?

C'est avec raison que la Société Industrielle de Rouen regarde comme un des adjuvants les plus sérieux et les plus solides d'un bel avenir, pour l'industrie chimique dans la région, les « éléments déjà existants ».

On a vu s'établir d'un coup, ici comme ailleurs, des usines qui n'avaient nul passé dans la région. Et, grâce à Dieu, ces tentatives ont été assez nombreuses dans les environs pour que nous puissions répondre par des faits à ceux qui accusent l'esprit rouennais de manquer d'énergie. Mais une grande industrie moderne, telle que la fabrication de produits colorants, a besoin pour s'établir sur des bases vraiment solides de tout un ensemble d'éléments : écoles, usines de production, usines de transformation, débouchés immédiats, s'appuyant l'un l'autre harmonieusement. Rouen possède l'essentiel, il ne faudrait que peu de travail pour compléter l'ensemble.

Rouen possède un fleuve admirable, la région est très fertile, la population est suffisamment dense et intelligente malgré le fléau de l'alcool qui lui enlève sa santé et sa limpidité d'esprit, les traditions industrielles et commerciales y sont éprouvées, son port est en constante progression. Les capitaux abondent. Un seul avantage direct manque : la proximité d'un bassin houiller. Encore, dans l'étude dont nous parlions plus haut, M. Herrenschmidt se croit en droit d'affirmer qu'il y aurait des gisements de charbon dans la Seine-Inférieure. Les avantages possibles de semblable découverte ne suffiraient-ils pas à encourager les prospecteurs, surtout avec le débouché qu'ouvrent les hauts fourneaux de Caen et les prochains hauts fourneaux de Rouen ?

Aussi bien, à défaut de bassin houiller, une fabrique rouennaise de produits colorants trouverait peut-être un stock suffisant de matière première dans les produits des usines à gaz ou dans les raffineries de pétrole.

Après la guerre, le benzol pourra provenir aisément des deux usines régionales dont nous parlons plus haut, des usines à coke de Lens et de Belgique et aussi du bassin de la Sarre, que par droit de conquête on pourrait annexer à l'Alsace-Lorraine, dont il touche directement le territoire. Et cette production suffira largement à alimenter toutes les usines de produits colorants qui pourraient être créées, non seulement à Rouen, mais à Lyon, dans la région lilloise et ailleurs encore.

Et ces constatations nous amènent à poser, avec M. H. Turpin, le dernier aspect du problème : Rouen étant dans les meilleures conditions pour constituer un centre nouveau de fabrication de produits colorants, faut-il chercher uniquement à développer les usines actuellement en marche ou bien faut-il « favoriser par tous les moyens possibles et avec l'appui et l'aide effective des Pouvoirs publics la création de toutes pièces d'usines nouvelles ? »

Nous regretterions profondément de voir l'effort à fournir se confiner au développement de la seule maison productrice de matières colorantes, encore existante. Cette maison aura l'avantage de posséder, sur toutes celles qui viendraient à naître, une forte avance, glorieusement méritée. Mais son activité étant accaparée par le service de l'Etat, elle est pour le moment comme inexistante pour l'industrie textile. L'égoïsme qui concentrerait autour d'elle tous les efforts serait à bref délai profondément antipatriotique.

Et puis il s'agit de posséder un outillage de production qui suffise non seulement à la consommation française, mais à celle des pays qui veulent donner la préférence à la France en cherchant à échapper à l'emprise allemande après la guerre. Pour cela ce n'est pas une, c'est au minimum trois ou quatre usines qu'il faudrait créer en France et pour lesquelles les débouchés seraient assurés.

Pour le principe, en dehors même des avantages spéciaux que possède la Normandie, par souci de ce régionalisme si fécond qui rallie de plus en plus la faveur des générations nouvelles, nous sommes d'avis que si Paris possède des éléments de succès de premier ordre, qui ne demandent pour se développer que des ambitions plus vastes de la part de leurs dirigeants, si d'autres centres manufacturiers sont également en droit d'ajouter la fabrication nouvelle à leurs spécialités connues, la région de Rouen doit revendiquer pour la Normandie l'honneur d'arriver par ses moyens propres et, si c'est nécessaire, avec l'appui du Gouvernement au but visé dans cette étude.

M. Blondel a rappelé avec infiniment d'à-propos à la réunion du 11 décembre, que tout près de Rouen, à la Poterie-Elbeuf, a existé l'usine Castelaz pour la fabrication de matières colorantes. Il n'y a qu'à reprendre, dans un centre industriel judicieusement choisi, la tradition si malheureusement interrompue et qui renaîtra sous l'heureux auspice de la victoire sur l'Allemagne.

L'ambition est sans nul doute très noble de vouloir concentrer toute la fabrication à Paris sur une usine qui s'accroîtrait, comme ses concurrentes allemandes, jusqu'à des proportions énormes. Mais ne nous laissons pas emporter par l'imagination, ne nous laissons pas décevoir par une idée, si magnifique qu'elle paraisse. Faisons grand, faisons large, mais laissons le « kolossal » à l'Allemagne. Mieux vaut créer les usines indispensables dans des régions vraiment propices et donner à ces usines, conçues par de purs industriels, les dimensions et l'importance appropriées aux besoins de leur marché prévu, quitte à les développer, — comme l'ont fait les grosses usines allemandes, — si ces besoins viennent à croître et si les perspectives de lutte sur les marchés extérieurs paraissent favorables, que d'ériger à Paris d'énormes usines « nationales », dont le bénéfice n'arriverait que très difficilement et après de longues années à amortir les frais d'installation. Ces usines « nationales », au surplus, ne tarderaient pas à être englobées dans une ruineuse politique d'étatisme et de monopole qui n'aboutirait, nous le répétons, qu'à susciter de nouvelles et fâcheuses « expériences sociales ». L' « Humanité » émettait naguère ce truisme que le premier souci de l'Etat doit être la défense nationale; c'est pour cela que l'industrie textile rouennaise est la première à reconnaître à l'Etat le droit de consacrer à la fabrication des explosifs plutôt qu'à celle des matières colorantes, les produits actuels de la distillation de la houille. Mais le second devoir de l'Etat est de favoriser l'industrie de ceux dont il représente les intérêts et non pas de se substituer à l'initiative privée dans des fabrications qu'il n'est pas à même de mener industriellement, c'est-à-dire économiquement.

Les circonstances sont favorables à la création de ces usines. Les capitaux français s'y intéresseront volontiers. Seulement, si on veut réellement profiter de ces circonstances, si l'industriel et le capitaliste rouennais tiennent vraiment à détourner vers eux, en partie, le Pactole qui enrichissait chaque année l'Allemagne, il faut qu'ils se hâtent, il faut qu'ils aient mis sur pied, avant la fin de la guerre, l'organisme financier, industriel et commercial complet, qui leur permettra de fabriquer leurs propres colorants en quantité suffisante pour alimenter l'industrie rouennaise d'abord; les autres régions textiles ensuite et également pour fournir de très copieuse façon le commerce français d'exportation. Le problème est, disons-nous, d'une urgence extrême, et l'opinion publique s'étonne déjà que, l'enjeu patriotique et commercial étant tel, les intéressés ne lui aient pas trouvé une solution rapide et complète.

Ecartons une objection qui nous paraît de pure forme : ne pourrait-on faire de la teinture en employant les colorants naturels, tels qu'on les utilisait avant l'invention des dérivés d'aniline? Que la fabrication de l'un ou l'autre de ces colorants, tel le campêche, puisse avoir son intérêt pendant la guerre, nul ne le niera, puisque le noir au soufre risque de faire défaut, et d'autant plus que certaines usines de la région sont encore outillées pour le produire. Mais il est inutile de songer à l'indigo, que Creil pourrait fournir synthétiquement si on le dotait de l'outillage nécessaire, au cachou, qui est fort rare, à la garance, à la gaude, au curcuma, qui ne se préparent plus et que seules des industries spéciales savent encore manier. Et, après la guerre, on ne les repréparera pas plus qu'on ne retournera au système des diligences quand on possède l'automobile.

## V

Un autre élément doit retenir notre attention. Comme en Angleterre, on se demande ici dans quelle situation l'industrie chimique se trouvera devant l'Allemagne après la guerre et si on ne risque pas de voir de laborieux efforts échouer devant une nouvelle invasion économique plus victorieuse que ne l'aura été celle des armées allemandes.

Disons tout de suite que l'Allemagne ne se retrouvera pas, pour reprendre la lutte, dans des conditions aussi favorables que par le passé. Loin de là !

Nous ne pouvons, hélas ! à l'heure où les deux armées les plus vastes qui aient jamais existé échelonnent encore leurs redoutables bataillons de la mer du Nord à la Suisse et du golfe de Bothnie aux défilés hongrois, déterminer les conditions de la paix, les bornes nouvelles de la France, de l'Allemagne et des autres belligérants. Nous avons seulement bonne confiance que les Alliés n'abandonneront l'ennemi-né de la vraie civilisation que lorsque ses ruines joncheront le seuil de l'Histoire nouvelle.

A ce moment, le prestige militaire, philosophique, économique de l'Allemagne, qui entrait pour une si grande part dans ses succès diplomatiques et commerciaux, se sera écroulé. *Væ victis !* dirons-nous alors avec joie. L'arrogance allemande aura disparu, laissant les marchés universels à la libre et loyale concurrence des peuples actifs et travailleurs.

L'Allemagne aura disparu comme empire ; régressant d'un demi-siècle, la Prusse féodale aura repris ses frontières d'antan. Une occupation prolongée aura le temps de dessouder les chaines de races et d'intérêts qui lient aujourd'hui entre elles les peuplades barbares qui ont suivi Guillaume II.

Un traité de commerce nouveau, vengeant la France des stipulations néfastes du traité de Francfort, aura détruit ou rendu inopérant le Zollverein, d'ailleurs ramené à des bornes étroites par la dissociation des éléments qui composent l'Empire germanique, par la constitution du royaume de

Pologne, par la restitution à la France de l'Alsace-Lorraine, l'agrandissement quasi fatal du territoire belge à l'est.

L'Allemagne est riche, très riche. La saignée qu'elle aura volontairement pratiquée à cette richesse par la guerre actuelle ne sera rien en comparaison de ce qu'elle devra céder encore des 400 milliards auxquels de bons économistes estiment sa « valeur » d'avant-guerre.

Qu'on se contente de capitaliser et de confisquer au profit des vainqueurs, pendant quelques années, l'intérêt des sommes que l'Allemagne consacrait depuis des années à son armement, on aura rendu service à l'humanité et à l'Allemagne elle-même.

L'Allemand est prolifique, formidablement. Mais la privation subite de plus de deux millions de ses hommes dans la fleur de l'âge ne se compense pas aussi rapidement que ses fameux « Intellectuels » le prétendront. Un énorme déchet s'accusera parmi les conducteurs du commerce, de l'industrie allemande, et il se passera des années avant qu'une éducation professionnelle appropriée ait rendu aux Allemands de demain la valeur intellectuelle, — nous ne dirons pas morale, — de ceux qui engraissent les champs de bataille de l'Europe. Le « skilled labour » de plusieurs générations fera place pendant quelque temps à d'inhabiles manœuvres.

Le « nerf » allemand en sera brisé, et nous croyons connaître assez l'Allemagne pour deviner qu'il ne se reformera pas de sitôt, d'autant plus que l'Angleterre y veillera soigneusement.

La marine allemande, aux trois quarts ruinée, privée pour jamais de ses bases d'attache, nous voulons dire de ses colonies et des ports où elle était familièrement reçue, mettra un long temps, si l'Angleterre, la France et leurs alliés veulent se liguer à ce sujet, avant de retrouver l'ombre de son ancienne puissance.

Et puis, finis en France et en Belgique, en Angleterre, en Russie et ailleurs encore les plantureux bénéfices de l'espionnage ; fini le bluff de la « compétence hors pair » qui se doublait presque toujours d'une autre compétence moins avouable. Finie, par l'apposition obligatoire de la marque « Allemagne » sur tous les produits qui sortiront de ce pays, la vogue de l'article allemand. De là, restriction des exportations allemandes, diminution forcée de la production, ruine de l'industrie exportative, appauvrissement du pays.

Même alors pourra-t-on dire que les méfaits de la « Kultur » ont été adéquatement punis ?

Et pourtant nous ne pouvons nous flatter que l'Allemand ne sera plus à craindre pour nos industries, et que la guerre économique ne lui réussira pas mieux que l'attaque brutale de ses armées.

On a dit : « Si on veut ruiner la Prusse, il faut d'abord la séparer de l'Allemagne. » La question est de savoir si l'Allemagne, qui s'est montrée si admirablement solidaire de la Prusse pendant la guerre, voudra se séparer d'elle après sa défaite ; si elle consentira à ne pas considérer, même alors, le Deutschtum comme un tout indivisible : Deutschland über alles.

Krupp aura été démoli, Bayer et la Badische ne le seront pas. Une part importante de la main-d'œuvre actuelle aura disparu, fauchée par le canon ou la maladie. Mais il faut tenir compte de l'augmentation énorme de la population allemande non encore en état de porter les armes. Au rebours de ce qui se passe en France, les générations jeunes viendront combler par leur surnombre relatif le déchet causé par la guerre.

Si l'industrie, si le commerce ne fournissent plus à ces générations nouvelles, dans une Allemagne appauvrie, les moyens d'existence auxquels leurs aînés étaient habitués, de nouveau ils sortiront de chez eux, de nouveau ils recommenceront, — mais cette fois avec plus de bonheur, — l'invasion économique contre laquelle, précisément, on cherche à se prémunir actuellement.

Ne nous récrions pas : à coup sûr on opposera à cette invasion de nouveaux règlements sur l'emploi de la main-d'œuvre étrangère ; la France relèvera contre les produits allemands les murailles douanières qui, théoriquement, doivent en arrêter l'afflux. Mais l'expérience du passé témoigne que les forces naturelles finissent toujours par prévaloir sous l'empire de la nécessité, ou sous le couvert d'une loi ou d'un règlement mal interprétés. La faible natalité française, qui viendra accentuer encore les vides si nombreux que causera la guerre et qui à leur tour réagiront mathématiquement sur le chiffre prochain des naissances, offrira à un nouvel envahissement teuton une occasion nouvelle.

Après la crise qui suivra à peu près nécessairement la guerre, en raison d'une déperdition de capital, d'un appauvrissement général qui s'évaluera à près d'une centaine de milliards, une ère nouvelle de prospérité suivra. La France, nous le répétons, renonce-t-elle par avance à en tirer son profit et à laisser celui-ci aux nations qui auront pris soin de s'outiller à temps?

Après la guerre il y a tout lieu de croire que pour lutter contre une reprise, à peu près certaine étant donnée l'opiniâtreté teutonne, des exportations allemandes, les producteurs de certaines marchandises dont le marché est mondial adopteront la formule si féconde des syndicats de vente, des cartels qui ont valu leur prospérité aux Stahlwerksverband, aux Syndicats du charbon, etc. Le *Matin* a même proposé, à ce point de vue, que sans attendre même la fin de la guerre, les industriels et les commerçants français étudient une alliance économique avec l'Angleterre, destinée à conserver aux deux alliés pour le commerce de l'ouest et en particulier de l'Amérique les avantages de leur victoire sur l'Allemagne. La France s'interdit-elle par avance, en refusant de s'outiller, la possibilité de retirer d'une combinaison franco-anglo-belgo-russe de vente de produits chimiques et pharmaceutiques, par exemple, les avantages reconnus à ces fructueuses combinaisons?

On nous objectera que la haine de l'Allemagne sera telle après la guerre qu'aucun produit allemand n'osera plus franchir la frontière sous peine d'être boycotté. C'est de la naïveté que de le croire (1). En principe nous approuverions ce boycottage, par représailles pour les épouvantables souffrances infligées aux victimes de la guerre et aussi dans l'intérêt de la production nationale. Mais nous ne nous faisons pas illusion sur son efficacité. Ce sera un jeu pour la Suisse et la Hollande de couvrir de leur pavillon si hospitalier la marchandise dont la marque d'ori-

---

(1) Déjà, nous pouvons l'affirmer, des pourparlers sont en cours par le canal de la Suisse pour permettre aux « embochés » de ressusciter sous une forme nouvelle l'emprise commerciale allemande! Déjà les stocks d'aspirine Bayer se vendent en France, sous un nom à peine changé et en faisant une énorme publicité! Les réclames allemandes ont repris de plus belle dans la plupart des revues spéciales, et en particulier les revues des produits chimiques et de métallurgie. Les Allemands auraient bien tort, après cela, de croire la partie perdue pour eux!

gine arrêterait l'admission chez nos manufacturiers qui se piquent de nationalisme. La preuve a été faite pendant la guerre que la Suisse ne fabrique entièrement aucun produit colorant; la paix signée, elle continuera à nous fournir comme par devant des matières colorantes « suisses » (1). Et les États-Unis ? Ne vont-ils pas nous expédier « made in America » les produits sortants des officines de la Badische, de Bayer, etc. ?

Et puis, nous le répétons, si nous ne nous résignons pas ou si nous ne nous décidons pas à fabriquer nous-mêmes les produits indispensables au bon fonctionnement de nos industries, nous devrons bien les faire venir des pays où ils se fabriqueront dans l'avenir : l'Angleterre et l'Amérique du nord (les Américains, nous ne devons pas nous le dissimuler, sont trop pratiques, trop positifs, pour s'arrêter longtemps à des objections comme celles qui leur ont été présentées).

Une fois la question des droits protectionnistes résolue, on s'y gardera bien, — nos industriels s'en apercevront immédiatement après la guerre, — d'imiter nos atermoiements, de remettre à des circonstances plus aisées la création d'une industrie aussi rémunératrice et pour laquelle toutes deux possèdent en abondance les matières premières indispensables. (Signalons pourtant que contrairement à ce qui se passe en France la science semble y manquer. Lire à ce sujet une lettre révélatrice dans le *Times* du 22 janvier.) Il y va un peu de l'honneur de la France de ne pas se laisser distancer par des nations qui ne peuvent, comme elle, s'enorgueillir d'avoir créé et organisé la chimie.

## VI

Sous quelle forme se réalisera la création, qui est dans les vœux de tous, d'une industrie dont l'intérêt ne fait de doute pour personne ?

Les usines françaises existantes ont à leur tête des chimistes de haute valeur. Qu'on leur adjoigne des directeurs industriels

---

(1) A signaler dans le rapport de M. Haller cette appréciation : « La Suisse fabrique (?) incontestablement plus de matières colorantes artificielles que notre pays et l'Angleterre réunis, grâce à la légion de chimistes dont elle dispose, et au privilège qu'elle s'octroie libéralement de ne pas laisser protéger chez elle, par des brevets, les découvertes faites à l'étranger, ce qui lui permet de les exploiter sans payer aucune redevance aux inventeurs ».

et commerciaux compétents, si elles en manquent. Seule une timidité professionnelle dont on trouverait peu d'exemples ailleurs a empêché les administrations de ces usines de viser plus haut, d'agrandir leur fabrication, de développer leur outillage de façon à fournir non seulement la France mais l'étranger.

Qu'on se partage la tâche : tandis qu'à Paris on fabriquera de l'aniline, à Creil de l'indigo, pourquoi les usines nouvelles ne s'entendraient-elles pas pour se répartir les autres fabrications ?

En ce qui concerne les usines allemandes existantes, il serait permis de se demander s'il y a intérêt à leur laisser l'existence, si elles n'avaient l'avantage d'avoir fixé autour d'elles une population ouvrière assez nombreuse et déjà initiée à l'industrie des produits colorants. On ne peut guère compter sur elles pour diminuer la pénurie actuelle des stocks. On sait que « dans le but très probablement de rendre inutilisables leurs usines si le gouvernement s'en emparait (1) » ou bien plutôt parce que les grandes usines allemandes entendaient se réserver strictement, dans la mesure où les lois des pays étrangers le lui permettaient, la fabrication réelle et complète de leurs produits, les filiales françaises ne préparaient pas les produits intermédiaires entre le goudron et le colorant. Elles les importaient entièrement ou à demi fabriqués d'Allemagne, au mépris formel des lois douanières à ce sujet. « Ces établissements n'étaient en réalité que des ateliers de finissage, incapables de vivre de leur vie propre et dépendant absolument des usines mêmes d'Outre-Rhin. La fabrication y est impossible, puisque l'outillage manque, outillage délicat et dont certaines parties comme les appareils émaillés, les réfrigérants en poterie, ne se sont guère fabriqués jusqu'à présent qu'en Allemagne ».

L'esprit français est assez ingénieux pour inventer d'autres appareils et pour créer l'outillage qui fait défaut. Il y a tout lieu de croire qu'une fois la question des brevets et celle des sequestres résolues, c'est-à-dire liberté donnée aux capitaux et aux chimistes d'outiller ces usines, elles viendront accroître la production française de produits colorants. Après la guerre nos industries n'auront qu'à appliquer aux grosses usines allemandes les procédés employés en Belgique et en France, sur l'ordre de leur gouvernement, par leurs directeurs et con-

---

(1) A. Dubosc. — *Dépêche de Rouen*, 16 décembre 1914.

fisquer à la Badische, chez Cassella, chez Bayer et ailleurs leurs appareils et leurs procédés. Ce sera de bonne guerre, et la plus légitime des représailles.

En attendant nous répétons notre avertissement : si Rouen veut posséder sa propre fabrication de produits colorants, il est temps que ses industriels se mettent à l'œuvre pour la créer, de telle façon que l'usine soit en pleine marche au moment où les stocks d'aniline viendront à manquer. Et il n'y a pas de temps à perdre, on le sait trop.

Il existe à Rouen même et dans les environs immédiats une industrie très prospère de teintureries et d'impressions sur tissus. La production se trouve ainsi rapprochée à l'extrême des usines de consommation. Premier avantage.

Second avantage. Un grand nombre de nos industriels appartiennent à cette race alsacienne-lorraine qui se rapproche le plus par son caractère, des qualités d'ordre, de sérieux, de ténacité, de prudence en affaires, qui ont donné une bonne part de sa victoire à l'industrie allemande. Nous avons dit déjà que c'est l'accession des Alsaciens-Lorrains à l'industrie allemande, après 1872, qui a donné à celle-ci son esprit de méthode et d'organisation. Après avoir été à leur école, les Prussiens, selon leur habitude, les ont éliminés de leurs usines pour se substituer à eux. De sorte, qu'en fait, c'est une part de la nation française, — et qui va rentrer dans cette nation, — qui aurait donné aux Prussiens les qualités que la France reconnaît être absentes chez elles !

Les meilleurs chimistes étaient et sont encore Alsaciens ou Lorrains. Une des meilleures écoles françaises de chimie est celle de Nancy, créée par M. Haller. L'accession des usines chimiques et textiles et aussi des « compétences » (1) de l'Alsace et de la Lorraine, et de Mulhouse en particulier, aux usines et à la science chimiques françaises, forment pour la France un appoint d'une valeur incalculable.

Ne nous exagérons pas l'importance réelle de l'inconvénient que susciterait la rareté relative des matières premières pour une grande usine établie dans les environs de Rouen. Cette rareté, répétons-le, est toute relative et momentanée, et elle n'a pas empêché les Allemands de prendre la tête de la pro-

---

(1) Des compétences vraiment françaises, cela s'entend et on nous comprendra.

duction mondiale. Les quantités de goudron dont pourra disposer notre industrie augmenteront dans un avenir proche et le pétrole est loin de faire défaut. Au surplus, bien que l'Angleterre ait interdit l'exportation du benzol, du goudron, etc., est-on bien sûr que l'intervention de M. Béhal, commissionné par le Gouvernement français auprès du Board of Trade, n'obtiendrait pas le retrait de cette mesure en faveur de la France alliée, pour une quantité suffisante de matière première ? Et l'Amérique est mieux en état encore de satisfaire aux demandes les plus importantes.

Le problème essentiel, semblerait-il d'après les conversations que nous avons eues avec les partisans les plus chauds de l'entreprise nouvelle, c'est le choix du directeur. « Elle vaudra, disent-ils, ce que vaudra celui qui la dirigera. » Le chef devra être un industriel doublé d'un savant et d'un économiste, et non un savant qui voudra faire de l'industrie. Ni la politique, ni la camaraderie ne devront dicter le choix à faire ; celui-ci devra être déterminé par les capitalistes, et surtout les industriels, qui auront placé dans l'entreprise leurs capitaux et qui sont les premiers intéressés à ce qu'elle réussisse. Ce serait faire injure à nos chimistes que de croire que cet homme sera un « *rara avis* ». Nombreux sont ceux qui peuvent prétendre à la direction de l'usine ou plutôt des usines nouvelles.

Le personnel supérieur, les contremaîtres, les ouvriers se recruteront aisément non dans la région, — au début, — mais dans l'élite sortant de nos bonnes écoles chimiques et qui a déjà fait un stage dans l'industrie. Nous avons déjà parlé de l'école de Nancy ; le splendide Institut chimique créé par M. Haller est dû à l'initiative privée. M. Léo Vignon a formé également de bons élèves à l'Ecole de chimie industrielle de Lyon.

Peut-être la pratique industrielle manque-t-elle un peu, malgré les efforts de M. Ch. Lauth, aux élèves de l'Ecole de physique et de chimie de la Ville de Paris. Au Laboratoire de chimie appliquée annexé à la Sorbonne, M. Friedel a formé de bons élèves.

Parallèlement à l'Institut de Nancy, il s'est créé à Roubaix, également grâce à l'initiative privée, sous la direction de M. l'abbé H. Vassart, un *Institut technique roubaisien* dont le département des Industries tinctoriales s'est mis aussitôt, écrit M. Garçon, à la hauteur de ce qui existait auparavant dans les grandes écoles de Mulhouse, de Crefeld, de Leeds et de Manchester.

Ajoutons encore les élèves sortis de l'excellente Ecole de chimie de Verviers (Belgique), dont un bon nombre ont étudié dans les laboratoires de Bayer, de Cassella et de la Badische, et qui ont ainsi la pratique immédiate de la fameuse « organisation » allemande.

Le personnel employé dans les usines nouvelles pourra, si on le veut, contribuer efficacement à l'éducation industrielle des élèves de l'Ecole rouennaise de chimie, réorganisée de fond en comble.

Le développement de cette vulgarisation des études chimiques « nous dispensera, ajoute M. Garçon, de l'obligation d'aller chercher nos chimistes à l'étranger. Nous avons en France les plus grands savants, mais nous n'avons qu'un nombre insuffisant de praticiens instruits et de chimistes industriels, parce que l'enseignement pratique de la chimie est resté très longtemps inférieur en France, comme dans les autres pays, à ce qu'il est en Allemagne ». Une alliance plus étroite entre l'usine et l'école compensera cette infériorité et aboutira à mettre notre enseignement pratique de la chimie à la hauteur de l'enseignement allemand.

Il nous reste à rencontrer ici une objection que nous pourrions appeler préjudicielle.

La victoire de la France et de ses alliés est certaine. Elle donnera lieu, c'est indispensable, sinon à des représailles proprement dites, qui seraient bien légitimes, mais que nous interdit la vraie civilisation, du moins aux justes compensations pécuniaires et à l'obtention des garanties de paix telles, que l'Allemagne soit mise pour l'avenir dans l'impossibilité de nuire : démolition de forteresses, suppression de l'armée, etc.

O. Reclus, dans l'*Allemagne en morceaux*, pamphlet d'inspiration biblique, mais d'où l'esprit géographique est singulièrement absent; Maurice Barrès, dans des articles de l'*Echo de Paris*, que les souvenirs littéraires et historiques de la France expliquent, mais qui font quelque peu bon marché des lois d'une saine économie politique, se laissent tous deux fasciner par cette commode et simple mais bien vieille idée du Rhin frontière naturelle. Comme si on pouvait parler de frontières naturelles après l'Yser, après Verdun, après les tranchées ! Ils transporteraient volontiers, du moins virtuellement, les bornes nord-est de la France jusqu'à Cologne et jusqu'à la Hollande.

La solution est un peu simpliste. Les Allemands étaient dans leur « droit », le droit du plus fort et du plus barbare, en s'annexant intégralement par avance tout l'est de la France, à droite de Paris ; ils prouvaient quelque habileté en promettant à la Belgique, pour prix de sa forfaiture, les régions qui lui avaient appartenu autrefois et qui sont du même caractère qu'elle, des Ardennes jusqu'à Abbeville ou même jusqu'à Rouen.

La France, champion de la liberté et du droit, se doit de ne pas verser dans la même erreur et de ne rien reprendre qui ne soit de sa langue et de sa substance. C'est le principe de prudence que MM. Sembat et Vandervelde ont défendu en termes assez maladroits, à notre avis, au Congrès de Londres. Comme le Luxembourg reviendra naturellement à la Belgique, dont il a été violemment séparé en 1839, la France a le droit absolu de se réannexer l'Alsace et la Lorraine.

Le problème change, en ce qui concerne les extensions éventuelles de territoire : les Prussiens-Rhénans sont de même race que les Belges, ils entretiennent avec eux les relations les plus cordiales, mais ils en sont séparés par la langue. La Bavière rhénane a bien des souvenirs communs avec la France d'autrefois, mais ce ne sont que de vagues souvenirs ; elle est aujourd'hui presque aussi « prussienne » de cœur et d'esprit que les royaumes ses voisins de l'est.

Après la funeste expérience que vient d'en fournir la Belgique, il ne peut être question de neutraliser les pays cisrhénans. Ce serait déplacer la question dans le temps sans la résoudre. Si, pour des motifs militaires, pour « donner de l'air » à Liège, — et malgré la difficulté linguistique, — la Prusse rhénane, en dehors de Cologne très « prussienne », est « annexable », en raison de l'aisance avec laquelle les habitants, pauvres et clairsemés de cette région stérile, seraient absorbés par leurs voisins belges, le Palatinat, qui contient sur la rive gauche du Rhin Ludwigshafen, c'est-à-dire les magnifiques installations de la Badische, peut se voir imposer un régime politique et militaire spécial, mais on ne peut à son propos parler d'annexion pure et simple, qui aurait, en ce qui nous concerne, le résultat de supprimer la nécessité d'une concurrence rouennaise, — avec Paris et les autres centres possibles de production — à la Badische.

La France a pleuré pendant quarante-cinq ans l'Alsace et la Lorraine perdues. Depuis quarante-cinq ans, ces deux provinces ont changé... à tel point qu'un régime tout spécial de transition leur est indispensable. Et la France s'annexerait une région purement allemande et dont les aspirations resteraient, — malgré la défaite et à cause du passé, — tournées vers Berlin et non vers Paris?

A certains points de vue, l'annexion de la Badische serait utile, car elle doterait d'un coup la France d'une industrie qui lui manque, du moins dans cette envergure (1); cette annexion s'admettrait si Ludwigshafen se trouvait, comme Sarrebrück, sur la frontière lorraine. Mais la ville se trouve précisément à l'autre extrémité du talus du Hardt qui, lui, est, de ce côté-là, une frontière naturelle autrement solide que le Rhin. Il ne faut pas que la Badische reste allemande, c'est indispensable. Elle ne sera pas française non plus. Elle sera bavaro-rhénane, soumise aux vicissitudes économiques des pays auxquels le protectionnisme sera dorénavant interdit et elle cessera, comme Bayer, comme Cassella, d'être un danger pressant pour les initiatives nouvelles de la France.

Il y a intérêt à signaler que d'après nos renseignements, à la Badische, où on ne se fait pas d'illusions sur le sort de la guerre, on se frotte les mains à la pensée de l'entrée des usines de Ludwigshafen dans le marché français. Les douanes sont supprimées, et voilà tout! Quand l'ennemi se réjouit, on doit se méfier. L'opinion de nos chimistes est qu'il vaudrait mieux faire subir aux usines de la Badische le sort des usines d'Albert ou de Reims.

## VII

Nous n'avons rien dit encore du rôle de l'Etat dans la mise à profit des circonstances nouvelles pour créer une industrie française des produits colorants. En dehors des fonctions statistiques dévolues en premier lieu à l'Office des produits chimiques, et qui pour le moment offrent un intérêt considérable pour l'industrie française, ce rôle doit, d'après nous, consister à protéger et à aider, et non à prendre des initiatives

---

(1) Si la France était encore un royaume, la question se résoudrait de façon très aisée en donnant à un prince l'apanage de la région à administrer et à franciser. Aujourd'hui la solution devra être autre.

industrielles (1). Sur ce point précis nous avons exprimé plus haut notre opinion.

En ce qui concerne la protection, celle-ci doit consister tout d'abord dans l'étude des mesures à prendre pour écarter dans l'avenir la concurrence déloyale, en matière de brevets, spéciale à l'Allemagne (2), et dans la préparation des textes à insérer dans le traité de paix en ce qui concerne les industries chimiques et pharmaceutiques. Nous avons signalé plus haut, en parlant des mesures prises par le Board of Trade, que ce qui avait arrêté net les pourparlers entre le gouvernement, plein pourtant de tant de bonne volonté, et les industriels dont on demandait les capitaux, c'était l'exigence posée par ces capitalistes de faire protéger l'industrie anglaise contre l'extrême bon marché de la marchandise allemande et contre l'avalanche de cette marchandise qui tentera après la guerre de tuer ainsi la concurrence par un abaissement formidable... et momentané, des prix de vente.

C'était mettre en question la base économique du gouvernement libéral anglais. On conçoit que le gouvernement ait hésité, cherché à modifier la formule proposée en améliorant les conditions de souscription, etc. Il a déjà fait un grand sacrifice en s'intéressant directement et pour une somme très importante dans le capital à créer. Sur le principe il n'y a guère à attendre qu'il transige.....

En France la situation se présente de façon tout à fait différente, puisque le protectionnisme est à la base même de la

---

(1) Le comité directeur de l'*Office des produits chimiques et pharmaceutiques* est composé comme suit : MM. Béhal, président, chimiste; Astier, sénateur; Painlevé, député, membre de l'Institut; André Lefèvre, député des Bouches-du-Rhône; Chapsal, directeur du Ministère du commerce; Lindet, président de la Société d'encouragement; Maquenne, membre de l'Institut; Michel Pelletier, avocat à la cour de Paris; Vergniaud, auditeur au Conseil d'Etat. Nul ne conteste la haute compétence de chacune des personnalités qui composent le Comité, mais nous sera-t-il permis de faire ressortir qu'aucune d'elles n'est spécialisée dans la fabrication des matières colorantes, tandis que le Comité anglais correspondant ne contient que des spécialistes de cette fabrication, à l'exception des deux représentants du Board of Trade. La composition du Comité a causé une douloureuse surprise parmi les promoteurs de l'industrie nouvelle.

(2) On sait que quand un brevet présentait un très grand intérêt pour l'industrie allemande, le « Patentamt » refusait de l'enregistrer, en donnant comme motif « l'intérêt de l'Etat », et des industries se créaient immédiatement pour l'exploiter, sans payer aucune redevance à l'inventeur.

politique économique du gouvernement. A l'avance, dès les premiers pourparlers entre le gouvernement et les représentants de l'industrie des produits colorants, — pourparlers singulièrement lents, semble-t-il, — il était entendu que le concours du gouvernement était acquis non seulement à l'idée, mais à sa réalisation pratique, et en particulier au principe de droits élevés à opposer après la guerre à l'entrée des produits colorants en France. Personnellement, parce que nous sommes persuadés des effets féconds de la liberté économique et que la cherté initiale de production d'un article constitue un obstacle sérieux à son emploi et par conséquent gêne la consommation nationale, nous ne partageons nullement les théories protectionnistes à la mode. Mais les théories doivent céder ici devant l'intérêt énorme que présente la création d'une industrie nationale de produits, dont la sûreté du pays et une bonne partie de sa richesse dépendent. L'Etat accordera à l'industrie nouvelle, par le moyen de droits imposés à l'entrée aux marchandises allemandes fabriquées, demi-fabriquées ou produits bruts la possibilité de résister à la concurrence.

Si les fabriques nouvelles dont nous préconisons l'établissement ne se créaient pas, la logique veut que ce qui ne vaut pas la peine de vivre meure, et qu'on supprime les droits existants avant la guerre, de telle sorte que la consommation trouve au plus bas prix les produits colorants dont elle a besoin.

Les textes à insérer dans les traités de commerce à signer avec l'Allemagne et peut-être avec d'autres pays doivent être soigneusement élaborés et arrêtés de concert avec les industries intéressées : l'Office des produits chimiques est tout désigné pour présider à cette élaboration.

Il devra aussi, pendant la guerre, aider les initiatives diverses à se faire jour, et surtout se faire l'instrument *docile, alerte, intelligent* de l'industrie et du commerce chimiques auprès du gouvernement, en vue d'aboutir à une solution *rapide* des difficultés qui pourraient s'opposer à la création ou au développement de cette branche nouvelle et si importante de l'économie nationale. La tâche est difficile et délicate ; elle demande à être conduite très rapidement en raison des circonstances et par conséquent à ne pas être arrêtée par les lenteurs administratives habituelles.

La fabrication nouvelle aura vraisemblablement besoin non pour vivre peut-être, mais pour surmonter rapidement les difficultés financières qui en ce moment arrêteraient toute entreprise, du secours et de la garantie d'intérêt du gouvernement pour son capital obligatoire. Les débouchés sont rémunérateurs non seulement à l'intérieur du pays mais à l'étranger ; les capitaux à engager ont toute chance de réaliser de sérieux bénéfices, dès les premières années de l'installation. L'Etat ne pourra refuser son concours financier si on le lui demande.

L'Office des produits chimiques sera aussi dans son rôle en obtenant de l'Etat les dégrèvements nécessaires sur les matières premières, à leur entrée en France. A ce propos signalons que l'Etat anglais a dans ce but supprimé tout droit sur l'alcool employé à des usages industriels.

L'Etat, par le moyen de l' « Office des Produits chimiques », devra déployer à ces occasions une célérité de méthode à laquelle son passé ne le prédispose pas peut-être, mais qui est indispensable à la réalisation du but escompté. (1)

Nous ne pouvons nous attarder ici à développer longuement les motifs d'une délimitation nécessaire des devoirs de l'Etat à une stricte assistance et des dangers d'une extension de ses services, par nature lents et paralysants, dans les rouages d'une entreprise.

Ce devoir s'arrête, d'après nous, à la garantie d'intérêts aux obligations ; le gouvernement a droit, en retour, à une place de commissaire des comptes. C'est le système admis par l'Angleterre et que pratiquaient volontiers les gouvernements belge et russe ; c'est le plus simple, le plus pratique et qui dégage le plus la responsabilité de l'Etat.

Avec cette garantie, les banques ne craindront plus de s'in-

---

(1) Au moment où notre brochure va sous presse, nous recevons le texte de la loi, votée le 18 mars, et qui ouvre enfin à nos industriels, après sept mois, la possibilité de travailler à l'abri des procès allemands. De ce texte, découpons les articles 1 et 3 :

« Art. 1. — ..... L'exploitation en France de toute invention brevetée ou l'usage de toute marque de fabrique par des sujets ou des ressortissants des empires d'Allemagne et d'Autriche, ou par toute autre personne pour le compte des susdits sujets ou ressortissants, sont et demeurent interdits..... 

« Art. 3. — Si l'une de ces inventions brevetées présente un intérêt public ou est reconnue utile pour la Défense nationale, son exploitation peut, en tout ou en partie et pour une durée déterminée par l'art. 4. être soit réservée à l'Etat, soit concédée à une ou plusieurs personnes de nationalité française, ou protégés français ou ressortissants des pays alliés ou neutres qui justifieront pouvoir se livrer à cette exploitation. »

téresser elles-mêmes et d'intéresser leurs clients à la création, à la bonne marche, au développement des industries françaises nouvelles, inaugurant ainsi une politique financière efficace et féconde qu'on leur reprochait, avec quelque raison, de négliger dans le passé.

Il n'y a pas lieu de croire, par l'insistance que nous mettons à vouloir réserver nos seuls efforts à l'industrie rouennaise, que nous cherchons par là à nous désintéresser d'une œuvre qui, dans la pensée de tous nos lecteurs, devrait avoir un caractère national. Au contraire, nous avons la ferme conviction que nous posons par là, efficacement, le premier jalon de l'industrie nouvelle, industrie à laquelle nous souhaitons le plus vaste développement en France.

Lyon semble vouloir s'intéresser sérieusement à cette entreprise, car il s'y est formé un Comité d'études pour la fabrication des matières colorantes. Rouen a adopté la même formule et a chargé divers spécialistes de déblayer le terrain juridique, en même temps que les membres de son Comité préparent la réalisation industrielle du plan étudié. Espérons que les deux grandes cités ne tarderont pas trop à quitter le terrain de l'étude pour celui des réalisations pratiques.

Que le terme de ces réalisations se rapproche le plus vite qu'il se pourra, ce sera notre vœu intime. Alors nous pourrons songer à l'aboutissement de cet autre vœu fécond que développait *le Matin* du 2 janvier 1915, d'une action alliée, d'une coalition commerciale anglo-française, — à laquelle nous voudrions joindre celle de la vaillante et si active Belgique, — pour s'emparer en Amérique et partout du marché enlevé aux Allemands.

La France a les capitaux, la qualité et le goût; les Belges ont l'énergie et l'initiative et leurs sympathies si profondes pour la France; les Anglais restent encore par leur esprit et leurs méthodes les maîtres du commerce du monde.

Une triple alliance de ce genre marquerait d'une nouvelle victoire la date radieuse de 1915. Elle constituerait une réponse directe à la phrase prêtée au prince Charles, après la reddition de Metz : « Et maintenant, lançons-nous à l'assaut économique de la France. » Quelle belle revanche ce serait, et quelle fierté pour ceux qui l'auront commencée.....

IMPRIMERIE J. GIRIEUD
ROUEN

www.ingramcontent.com/pod-product-compliance
Lightning Source LLC
LaVergne TN
LVHW050636090426
835512LV00007B/876